멜라니 클라인

Melanie Klein

by Hanna Segal

Copyright ⓒ 1964, 1957 by the Estate of D. W. Winnicottt
Translation copyright ⓒ 2001, Korean Institute of Contemporary Psychoanalysis
(Previously, Korea Psychotherapy Institute)

멜라니 클라인

발행일   1999년 6월 15일
지은이   한나 시걸
옮긴이   이재훈
펴낸이   이준호
펴낸곳   현대정신분석연구소 (구 한국심리치료연구소)
주소   서울시 종로구 새문안로5가길 28, (적선동, 광화문플래티넘) 918호
전화   02) 730-2537~8
팩스   02) 730-2539
홈페이지   www.kicp.co.kr
E-mail   kicp21@naver.com
등록   제22-1005호(1996년 5월 13일)

정가   25,000원
ISBN   89-87279-11-1 (93180)

멜라니 클라인

-멜라니 클라인의 정신분석학-

한나 시걸 지음

이재훈 옮김

현대정신분석연구소
Korean Institute for Contemporary Psychoanalysis

역자 서문

현대 정신분석학을 위한 멜라니 클라인의 공헌은 실로 엄청난 것이라고 하겠습니다. 많은 학자들은 프로이트의 욕동 중심적인 이론의 패러다임을 깨고 관계 중심적인 새로운 패러다임으로 진입할 수 있도록 길을 예비한 실질적인 개척자로서 멜라니 클라인을 꼽고 있습니다. 특히 클라인은 현대 정신분석학에서 중요한 흐름을 형성하고 있는 대상관계이론의 기틀을 형성하는데 결정적인 공헌을 한 이론가요 임상가로 평가받고 있습니다. 그녀의 학문적 성과가 지닌 이와 같은 중요성에도 불구하고 국내에 지금껏 그녀의 이론을 소개하는 이렇다 할 저서가 없던 차에 처음으로 그녀의 연구결과를 상세하게 소개한 책이 출간된다는 점에서, 이 책의 출간은 뜻깊은 일이 아닐 수 없습니다.

이 책의 저자인 한나 시걸은 정신분석학적 공동체 안에서 멜라니 클라인의 수제자로 인정받는 권위있는 클라인학파의 정신분석가로서, 이 책에서 클라인의 사상을 매우 명료하고 쉽게 요약해 내고 있습니다. 어린이와 성인의 심리치료에 관심을 가진 분들은 클라인의 저서를 직접적으로 접하기 전에 이 책을 먼저 읽음으로써 커다란 도움을 받을 수 있을 것입니다.

이 책이 나오기 까지 수고를 아끼지 않으신 많은 분들, 특히 초역과정에 도움을 주신 김지태, 김윤아 두 분과 교정과 편집작업을 맡아주신 이은경, 김수경 두 간사님들께 깊은 감사를 드립

니다. 아무쪼록 이 책이 상처입은 마음을 치유하고 생명을 살리
는 일에 소중하게 쓰임 받게 되기를 희망합니다.

1999년 5월 서초동에서
이 재 훈

목 차

제 1장

서 론

멜라니 클라인(Melanie Klein)은 프로이트의 충실한 추종자였다. 그녀는 처음에는 주로 아이들을 대상으로 한 연구를 통해서 프로이트의 견해를 발전시켰고, 나중에는 그의 견해를 새롭게 이론화하는 작업을 통해서 그가 개발한 지식과 이해의 영역을 확장했다. 그녀의 연구에 대한 이해를 돕기 위해서 이론적 바탕을 이루는 정신분석 개념들을 개관해 볼 필요가 있다.

클라인이 연구를 시작한 해인 1919년까지 정신분석이론은 커다란 발전을 이루었다. 이 시기에 프로이트의 정신발달 이론은 아직 두 가지 중요한 이론화 작업을 거치기 전이기는 했지만, 어떤 면에서 완전한 것이었다. 1920년대는 정신분석이론의 역사에서 하나의 분기점이 되었다. 그 해에 프로이트는 "쾌락원리를 넘어서(Beyond the Pleasure Principle)"라는 논문에서[1] 생명본능과 죽음본능이라는 이중본능 이론을 제시했고, 1923년에는 "자아와 원본능(The Ego and the Id)"이라는 논문에서[2] 원본능, 자아, 초자아를 포함하는 정신구조 이론을 완성했다. 이러한 발전을 통해 그는 심

---

1 SE (The Standard Edition of the Complete Psychological Works of Sigmund Freud) XⅧ, pp. 7- 64.

2 SE XⅨ, pp. 12- 66.

리적 갈등, 불안과 죄책감의 본질에 대한 견해를 바꾸었다. 어린이 연구를 통해 인간에게 타고난 공격성이 있다는 사실을 확신하게 된 클라인은 프로이트의 죽음본능 이론을 전적으로 수용할 뿐만 아니라 그것을 임상적으로 적용한 유일한 추종자였다. 그녀는 또한, 초자아의 기원, 초자아의 구성과 기능에 새로운 빛을 던져 주었다. 그녀의 이론에 있어서 불안과 죄책감에 대한 이론적 접근은 프로이트의 초기 이론보다는 후기 이론에 가깝다고 볼 수 있다.

정신분석은 프로이트가 히스테리 환자를 연구하면서 모든 증상(symptom)은 의미를 갖는다는 사실을 발견함으로써 시작되었다. 이어서 무의식과 억압, 상징이 발견되었는데, 이 발견들은 서로 분리될 수 없이 연결되어 있다. 프로이트의 견해를 요약하면 다음과 같다 : 고통스럽거나 금지된 기억, 충동 또는 환상은 의식으로 받아들여지지 않는다. 그것은 억압되어 있지만, 무의식 속에 역동적인 힘으로 남아 있으면서 영향력을 발휘한다 ; 그것은 증상을 통해서 상징적으로 표현된다 ; 증상은 억압된 생각 및 감정과 억압하는 힘 사이의 타협의 산물이다. 프로이트는 심리내적 갈등과의 타협적인 해결이 병리의 영역만은 아니라고 보게 되었다. 그는 보편적인 현상인 꿈이 신경증의 증상과 유사한 구조를 가지고 있고, 억압, 그리고 갈등과의 타협적인 해결이 인간의 본성과 발달의 일부분이라는 사실을 알게 되었다. 그는 단순히 최면을 적용하는 것으로부터 시작해서, 점차 자유연상, 해석 등과 같은 정신분석적 기술을 발전시켜 나갔다. 그는 이 기술을 통해서 억압된 생각과 감정, 그것들이 억압되는 이유와 그것을 다루는 다양한 정신기제들을 연구하게 되었고, 이러한 연구를 통해서 성본능이 억압의 주된 재료라는 사실을 발견했다 (일반적인 오해와는 달리, 그는 결코 성본능이 억압의 유일한 원인이 된다고 주장하지는 않았다). 이렇게 억압된 성은 정상적인 ─ 성기기적이고 이성애 (異性愛)적인 ― 성과는 다르다. 그것은 성인의 성행위에서 성도착으로 나타날 수도 있는 가학 -피학성과 구강기적, 항문기적, 요도기적, 관음증적, 노출증적 충동들을 포함한, 양성적이고 매우 왜곡된 다양한 형태를 띤다. 프로이트는 성이 단순히 하나의 성 본능만을 지닌 것이 아니라, 다양한 신체 부분으로부터 나오는 다양한 목표를 가진 여러 가지 구성요소들의 혼합물이라는 결론을 내렸다. 정상적인 성인의 성에서, 성기적 본능과 목적은 지배적인 위치를 차지한다. 이러한 다양한 요소들을 지닌 본능들은 유아기와 아동기에 그 기원을 두고 있다는 사실과, 유아의 성에 대한 발견은 혁신적인 것이었다. 프로이트와 그 추종자들이 후에 발견한 유아기의 성은 다른 방어기제들과 심리적 갈등을 일으키고, 억압을 불러온다. 신경증의 증상들과 꿈의 상징은 단지 당시의 억압된 성인의 갈등으로부터 나오는 것만은 아니다. 유아기 갈등을 일으키고, 억압을 발생시키는 것은 현재의 문제 안에 표현된 무의식적인 유아기 성의 요소들이라고 할 수 있다.

프로이트의 히스테리 본성에 대한 발견과 1920년대 초반, 급진적으로 이론이 변경되는 비교적 짧은 기간에 프로이트와 페렌찌 (Ferenczi), 아브라함 (Abraham), 존스(Jones) 그리고 다른 이들은 아이의 심리-성적 발달을 조정하고, 그것이 성인의 성격에 미치는 영향을 밝히는 데 크게 공헌하였다. 물론, 이 짧은 서문에서 클라인이 기초를 마련한 정신분석 연구와 개념들을 모두 설명하기는 어렵다. 그러나 그녀의 개념들이 생겨나게 된 상황을 지적하고, 그 개념들을 사용한 방식, 특히 그녀가 발달시켰거나 포기한 방식들을 더 자세히 조사할 것이다.

본능의 역사를 분류하면서, 프로이트는 그것들이 아동기의 다른 기간들에서 유래한다는 생각을 갖게 되었다. 그는 모든 성 에너지를 리비도라 부르고, 리비도 발달단계에 대해 설명했다. 그에

따르면 모든 본능은 근원과 목적 및 대상을 갖는다. 본능의 근원
은 항상—성욕이 일어나는—신체의 한 부분으로서, 성적 긴장의
방출에 그 목적이 있으며, 이때 대상은 성적 만족을 제공하기에
적합한 대상을 의미한다. 성욕이 발생하는 신체 영역은 생명 유
지에 필수적인 기능과 관련이 있다. 따라서, 구강기적 본능은 먹
는 기능에서 나오고, (성욕이 일어나는) 항문기적 본능은 배변과
방뇨에서, 그리고 성본능은 재생산 기능에서 나온다. 이러한 필수
적인 욕구의 만족은 성적 자극과 쾌락을 일으키며, 그 후에 성적
자극과 쾌락은 그 자체로서 추구된다. 유아의 첫 본능적 욕구는
먹는 것이다. 따라서 구강기적 본능이 먼저 자극되고, 입은 최초
의 성감대가 된다. 어머니의 젖가슴을 빠는 것은 모든 성적 생활
의 출발점이다—"필요할 때마다 이런 환상이 발생하며, 이것은 후
기의 모든 성적 만족을 위한 초기 형태이다."[3] 구강 활동의 우월
성은, 아이가 괄약근(sphincter)의 통제능력을 발달시키기 시작할
때, 항문 활동의 우월성으로 이어진다. 대변의 보유 및 배출, 항문
삽입 등은 유아의 성적 경험의 중심이 된다. 프로이트는 본래 성
기기가 항문기에 곧바로 이어진다고 생각했지만, 나중에 항문기
와 성기기 사이에, 즉 3~6세 사이에 남근기를 추가했다. 이 시기
에 남아에게 있어서 성기는 긴장과 쾌락의 자리이다. 아이는 남
근을 유일한 성적 기관으로 보고, 여성의 성을 모르는 채로 어머
니가 자신이나 아버지와 같이 남근을 가진 "남근 여성"이라는
환상을 갖는다. 프로이트의 설명에 의하면 아이의 리비도 발달은
"구강기, 항문기 그리고 남근기"의 세 단계를 거치며, 성이 온전히
구별되는 성기기는 사춘기에 가서야 확립된다. 프로이트는 리비
도의 조직에 대해 말하면서, 리비도는 각 단계의 지배적인 특별

---

3 "Introductory Lectures on Psycho-Analysis," *SE* XⅥ, p. 314.

한 본능적 요소를 갖는다는 것뿐만 아니라, 적합한 목표와 대상을 갖는다는 것을 염두에 두고 있다. 따라서 구강기적 본능의 목표는 젖가슴을 빠는 것과 삼키는 것이고, 이때 적합한 대상은 젖가슴이며, 항문기적 본능의 목표는 배설과 참기이고, 그것의 대상은 대변이다. 남근기적 본능은 침투하는 것이다. 프로이트에 따르면, 이 시기의 대상인 질(vagina)이 발견될 때까지 오랜 대상관계의 발달을 거치기 때문에 남근기적 대상에 대한 설명은 보다 복잡하다. 이러한 충동의 좌절은 공격성을 불러일으키며, 공격성은 각 단계에 따른 적합한 표현 방식을 추구한다. 그리하여, 구강기적 공격성은 깨물고, 식인적으로 먹어치우는 소망의 형태를 띠고, 항문기적 공격성은 쫓아내고, 태우거나 배설물로 중독시키는 소망의 형태를 띠며, 남근기적 공격성은 자르고, 침투하고 찢는 소망의 형태를 띤다.

리비도의 특성은 매우 유동적이어서 목표와 대상을 옮길 수 있다. 한 기관은 다른 기관으로 대체될 수 있고 그 기능을 취할 수 있다. 즉 환상에서, 항문은 입의 자리를 차지할 수 있고, 페니스는 구강기적 욕망의 대상인 젖가슴을 대신할 수 있으며, 대변은 페니스나 아이로 대체될 수 있고, 아이는 페니스 등을 대신할 수 있다.

리비도는 보통 구강기에서 항문기, 남근기 그리고 성기기 단계로 발달한다. 하지만 각 단계의 만족스럽지 못한 경험은, 프로이트가 "고착"이라고 부른 현상을 가져올 수 있다. 리비도의 한 부분이 전-성기기적(pre-genital) 단계에 고착되고, 그 단계의 목표들과 대상들에 결부된다. 이런 일이 일어날 때, 성기기의 조직은 약하고 불안정하며 이전의 단계로 퇴행—고착점—이 쉽게 일어날 수 있다. 프로이트의 견해로는 이렇게 전-성기기 단계에 속한 조직으로의 환원은 성인 신경증의 결정적인 요인이 된다.

성적 본능들은 발달을 거친다: 성기기적 본능이 지배적이 되어감에 따라 전-성기기적 본능은 점차 억압되지만, 그렇다고 해서 그 능력을 완전히 잃는 것은 아니다. 그것들은 무의식 안에 지속적으로 남아 있으면서, 다양한 변화를 겪고, 증상과 승화를 일으키며 성격 특성을 형성한다—구강기적 본능은 탐욕이나 지식욕으로 표현될 수 있으며, 항문기적 본능은 강박적인 성격 특성이나 긍정적 측면에서 질서를 잘 지키거나 청결한 성격으로 나타날 수 있다. 프로이트는 구강기적 성격과 항문기적 성격에 대해 설명했고, 아브라함과 존스는 그 설명에 더 많은 부분을 첨가했다. 본능의 성적 목표가 억제되어, 그 성적 특성을 잃을 때, 그것은 성적 목표에서 비(非)성적 목표로의 전치인 승화를 일으킬 수도 있다. 프로이트는 이와 같이 마지막 성기기적 조직에 이르기까지의 복잡한 성본능 발달과정을 설명한다.

성적 욕망의 대상 또한 발달을 거친다. 프로이트의 견해에서 완전한 의미의 성적 대상은 후기 항문기나 남근기까지는 심리 세계에 나타나지 않는다. 구강기적 본능은 처음에는 그 대상으로 젖가슴을 갖지만, 곧 성적 대상으로서의 젖가슴은 포기된다. 아마도 그것은 유아가 아무런 방해도 받지 않고 사용할 수 있는 자체-성애를 발견하기 때문인 것 같다. 유아는 손가락이나 입술을 빠는 것과 같은 행동으로 자신의 몸에서 만족을 구한다. 본능은 만족을 발견하지만, 대상을 갖지는 않는 것 같다. 자체-성애는 점차 자기애로 발달해 간다. 자기애 상태에서 유아나 아이 자신의 몸이 여전히 만족의 근원이기는 하지만, 자신의 몸은 대상으로 경험된다. 이것은 별 차이 없는 구별일지 몰라도, 심리학적으로는 그렇지 않다. 자기애는 자체-성애와 외적 대상관계 사이의 과도기에 속한다. 환상 속에서 아이는 자신의 몸을 대상에 투사하고, 이런 방식으로 대상은 욕망의 대상이 된다. 즉 리비도가 집중된다. 자기애 고착은 이후의 삶에서 자기애적인 대상을 선택하도록 할 수 있다. 자기애적인 사람은 짝 안에서 자신의 표상을 찾고, 짝 안에 있는 자신을 사랑한다.

남근기에서만 부모가 성적 욕망의 대상이 되는데, 이것은 잘 알려진 대로 정신분석이론의 중심적인 부분인 오이디푸스 콤플렉스를 예고한다. 남아는 항상 자신의 안락과 즐거움과 만족의 근원이던 어머니를 성적 대상으로 욕망하기 시작한다. 남아는 부모 사이의 성적 관계를 알게 되고, 어머니에 대한 욕망은 아버지에 대한 강한 질투심을 야기시키는데, 이러한 질투는 아버지를 죽이고 어머니를 차지했던 오이디푸스처럼 아버지를 미워하고, 그가 죽기를 소망하게 한다. 이런 욕망들은 아버지를 향한 두려움과 사랑 모두와 충돌한다. 이 시기에는 아버지가 자신의 성적 소망에 대한 벌로 자신의 성기를 거세할 것이라는 두려움이 지배적이다. 이러한 거세 공포는 무엇보다도 어머니에 대한 성애와 아버지에 대한 남아의 공격성을 억압하게 한다.

아버지에 대한 사랑은 또한 강력한 성적 요소를 지니고 있다. 프로이트는 또한 양성애, 즉 모든 인간은 남성적인 성적 욕구와 여성적인 성적 욕구를 가지고 있다는 사실을 발견했다. 소년은 따라서 긍정적인 오이디푸스 콤플렉스에 덧붙여서 부정적인 오이디푸스 콤플렉스도 가지고 있다: 남아는 아빠를 성적으로 욕망하고, 어머니를 자신의 경쟁자로 삼는다. 그는 아버지에 의해 성적으로 침투되고 소유되기를 원하지만, 그런 욕망의 성취는 남성적인 힘의 약화로 이어질 수 있기 때문에, 그의 동성애적 욕망 또한 억제되어야 한다. 정상적인 성장 과정에서 동성애적 소망은 이성애적인 소망보다 더 철저하고 영구적으로 억압된다.

여아 또한 남근기 단계를 거친다. 프로이트에 의하면 여아는 질의 존재를 알지 못하며, 그녀에게 있어서 음핵은 페니스와 유사하게 성애의 주요한 부분이다. 프로이트의 설명에 따르면, 어린 여아의 오이디푸스 콤플렉스는 남아와 많은 차이점이 있다. 이것은 클라인과 프로이트의 견해 차이를 살펴 볼 때 더욱 자세히 논의할 것이다.

오이디푸스 콤플렉스는 인격 발달에서 전환점이 된다. 억압이 시작되는 것도 오이디푸스 콤플렉스와의 관련에서이며, 전-성기기적 단계로 퇴행하는 것도 오이디푸스 불안에 대한 방어로서이다. 이 순간 모든 아이들은 오이디푸스 상황에 대한 반응으로 공포증, 강박증, 그리고 다른 증상을 만드는 방어기제들을 발달시킴으로써 일시적인 신경증—유아 신경증—을 겪는다. 성인 신경증은 이러한 유아 신경증으로의 퇴행이다.

오이디푸스 콤플렉스가 해소된 결과로 초자아가 형성되고, 개인의 기본적인 정신구조 또한 대체적으로 결정된다. 아이는 아버지를 내면화하고, 자신의 일부로 만듦으로써 아버지에 대한 양가감정을 해결하려고 노력하며, 아버지는 심리내적 실제 안에서 양심에 따라 행동하는, 동일시해야 할 인물로 자리 잡는다.

1923년에 프로이트는 이 내적 인물을 초자아라고 명명했지만, 그 전에도 이러한 내적 세계의 인물에 대해 설명했다. "애도와 우울증(*Mourning and Melancholia*, 1917)"에서 그는 우울증에서의 자기 질책은 사실상 자기와 내면화된 아버지 사이의 상호 질책을 나타내는 것이라고 말하였다. 더 나아가 우울증 환자는 이 내적 인물—"자아에 비추이는 대상의 그림자"[4]—을 자신과 동일시한다. 하지만, 당시 프로이트는 그런 내면화와 동일시는 병리적 과정이라고 믿었다. 후에 그는 이 과정이 정상적인 발달의 한 부분이라는 결론에 이르게 되었다. 양가감정 속에서 지나친 미움을 갖는 내적 상태가 우울증 환자가 지닌 병리이다. 프로이트가 자

---

4 "Mourning and Melancholia," *SE* XIV, p. 249.

신의 후기 연구에서 설명한 초자아는 자기 관찰과 비판, 책벌, 이상적 목표 수립 등 세 가지 기능을 갖는다. 이러한 기능 가운데 초자아의 마지막 측면은 프로이트 자신이 '자아 이상'이라고 설명했던 개념으로부터 끌어 왔다. 자아 이상의 근원은 자기애이다: "투사되어 자아 이상의 내용을 구성하는 것은 자기 자신을 이상적인 대상으로 삼았던 어린시절의 자기애의 대체물이다."[5] "자아와 원본능"에서[6] 프로이트는 자아 이상이 초자아와 구별될 수 없다고 생각하고, 자아 이상의 기능 또한 초자아에게 돌린다. 자신에 의해 사랑 받고 승인 받으려는 자기애적 목표는 이상적인 내적 부모, 즉 초자아에 의해 사랑 받고, 승인 받으려는 욕망으로 통합된다. 자아는 책벌의 두려움과 사랑 받으려는 욕구 때문에 초자아의 요구에 따르며, 아버지뿐만 아니라 어머니도 초자아의 형성 과정에 개입한다.

　프로이트의 초자아 개념과 생명본능 및 죽음본능의 이중 개념은 마음에 대한 구조이론의 형성을 가능케 했다. 그는 마음이 원본능, 자아, 초자아의 세 가지 구조로 이루어졌다고 설명했다. 원본능은 본능적 자산으로서 쾌락-고통의 원리에 따라 기능한다. 즉 원본능의 유일한 목표는 고통을 피하고 쾌락을 추구하는 것이다. 그것은 현실을 염두에 두지 않고, 전능한 환각 소원 성취에 매달린다. 원본능으로부터 자아가 출현하며 자아는 현실과의 접촉을 통하여, 원본능과 현실 사이를 이어준다; 그것은 원본능의 바깥 껍질에 해당하는 것으로서 현실원리를 따른다. 그것은 인식 장치이고, 움직임의 기능을 통제하며, 고통스러운 좌절을 주는 현실을 배우고, 현실을 평가하며, 만족을 얻기 위한 현실적 수단을 찾고

5 "On Narcissism: An Introduction," *SE* ⅩⅣ, p. 94.
6 *SE* ⅩⅨ.

자 한다. 그것은 또한 내적 상태를 인지하는 심리적 구조이다. 초자아가 형성될 때, 자아는 원본능과 현실을 중재할 뿐 아니라 원본능과 초자아 사이를 중재한다. 자아는 외적 실재와 내적 실재 모두를 다루어야 한다.

정신분석적 사고 저변에는 우리가 외적 세계뿐 아니라 심리적 실재와 갈등도 함께 다루어야 한다는 생각이 깔려 있다. 프로이트는 계속해서 이 내적 갈등의 뿌리를 연구했다. 처음에 그는 성본능이 현실 및 자기 보존 욕구와의 갈등관계 안에 있다고 믿었다: 즉 그는 성본능이 자신이 자아본능이라고 부른, 자기 보존을 목표로 하는 것과 갈등을 일으킨다고 보았다. 하지만, 연구가 진전되면서, 그는 이 가설이 임상적 사실에 부합되지 않는다는 사실을 발견했다. 특히 반복 충동—신경증 환자의 특징으로서 상처가 되는 고통스러운 경험을 계속 반복하는 욕구—을 쾌락원리와 현실 사이의 갈등이라는 측면에서 설명할 수는 없다고 느꼈다. 신경증의 중요한 구성 요소들인 가학증과 피학증 또한 설명하기 어려웠다. 1920년 "쾌락원리를 넘어서"에서[7] 그는 다른 가설을 제안했다. 그것은 생명본능과 죽음본능 사이의 이중 가설로서, 리비도가 생명본능과 갈등 관계 안에 있다는 생각과는 달리, 리비도를 생명본능의 한 부분이며, 그것의 성적 표현으로 보는 것이었다. 리비도에 반대되는 세력은 이전 상태, 즉 궁극적으로는 무기물의 상태로 돌아가는 유기체의 생물학적 요구에서 나오는 죽음본능이다. 그것의 심리적 대응물은 열반의 원리와 같은 고통이 없는 상태로 회귀하고자 하는 갈망이다. 하지만 유기체는 죽음본능에 의해 위협을 느끼고, 그것을 밖으로 투척한다(프로이트가 이전에 강조했듯이, 본능은 그 목표와 방향을 바꿀 수 있다). 그것이 밖으로 투척되어

---

7 *SE* XVIII.

대상으로 향하면, 죽음본능은 공격성으로 변한다 : "내가 아니라 네
가 죽어야 한다." 죽는 것이 죽이는 것으로 변한다. 우선, 프로이트
는 이 가설을 생물학적-철학적 사색으로 다루었지만, 자신의 연구
가 발전해 감에 따라, 죽음본능이 공격성으로 표현된다는 생각을
중요하게 받아들였다. 그는 본래 공격성을 좌절에 의해 작동되는
자기 보존적인 자아본능으로 간주했지만, 점차 근본적인 내적 파
괴 충동으로 확신하게 되었다. 생명본능과 리비도처럼 기본적인
죽음본능의 투척은 심리적 삶에서 공격성의 중요성에 대해 설명
해 주었다. 에로스(성애를 포함한 생명본능)와 타나토스(자기 파
괴를 포함한 파괴 충동) 사이의 근본적인 갈등은 양가감정과 불
안, 그리고 죄책감의 가장 깊은 근원이다. 하지만, 두 가지 기본적인
본능이 갈등 관계에 있다고 해도 그것들은 또한 합쳐진다. 이런
융합에서 죽음본능이 지배적일 때 그것은 가학-피학증을 일으킨
다; 그러나 생명본능이 지배적일 때 공격성은 생명력에 봉사하고,
자아 동조적(ego-syntonic)이 된다 : 즉 그것은 자아에 봉사한다.

　프로이트의 원본능, 자아, 초자아에 대한 명확한 설명은 그의
새로운 본능 이론에 기초해 있다. 자아가 감당하기 어려운 공격
성은 초자아에게로 옮겨지며, 따라서 초자아는 잔인한 공격성의
요소를 갖게 된다. 프로이트는 본래 유아기의 성이 죄책감을 불
러일으킨다고 생각했지만, 1920년 이후 공격성이 죄책감의 주요
한 근원이라고 생각하게 되었다. 그는 "억압되어 죄책감으로 변
형되고, 초자아가 되는 것은 결국 공격성뿐이다. 나는 죄책감의
기원과 관련된 정신분석의 발견들이 공격적인 본능에서 온 것으
로 압축된다면, 많은 과정들이 더 단순하고 명료하게 설명될 수
있을 것이라고 확신한다"[8]고 말했다. "죄책감의 운명적인 불가피

---

8 "Civilization and Its Discontents," *SE* XXI, p. 138.

성"을 설명해 주는 것은 죽음본능이다.[9] 그는 우울증 환자의 초
자아를 "죽음본능의 순수한 표현"으로 설명했다.[10]

불안에 대한 프로이트의 견해는 이중본능 개념과 정신에 대
한 구조적 이론에 의해서도 영향을 받았다. 본래, 프로이트는 불
안을 억압에 의해 좌절되고 가로막힘으로써 발생하는 리비도의
직접적인 생물학적 전환의 산물이라고 생각했다; 그는 포도주가
초산이 되는 것처럼, 리비도가 불안이 된다고 상상했다. 하지만, 풍
부한 임상적 증거는 곧 그 반대의 사실을 분명하게 보여주었다.
억압이 불안을 일으키는 것이 아니라, 반대로 억압을 일으키는
것이 불안이라는 것이다. 그렇다면 불안의 원인은 무엇인가? 프로
이트에 따르면, 오이디푸스 콤플렉스가 작용할 때의 주된 불안은
거세불안이다. 이 시기의 소년은 그의 성적 소망에 대한 책벌로
서 아버지가 자신의 성기를 거세할 것이라는 환상과 두려움을
갖는다. 여성 성기의 발견은 이 불안을 강화시킨다. 페니스가 결
여된 여성 성기는 아이들이 보기에 실제로 거세가 일어난다는
것에 대한 확인인 것이다. 오이디푸스 콤플렉스의 해결에서 주된
요소는 거세불안이고, 이것은 죽음에 대한 두려움을 포함한 다양
한 공포에서 상징적으로 표현된다. 프로이트는 1926년에 "억제,
증상과 불안(Inhibitions, Symptoms and Anxiety)"에서[11] 불안에 대
해 보다 상세하게 설명했다. 실제의 불안은 외적 위험에 대한 반
응이다. 출생 외상에서 초기의 형태를 형성하는 불안은 내적 욕
구와의 충동에 직면해서 아무 것도 할 수 없는 무기력함에 대한
반응이고, 다른 발달단계에서 다른 위험 상황에 의해 다시 일깨
워진다. 그는 각각 다른 단계에 속하는 대상의 상실, 거세 공포, 초

---

9 Ibid., p. 132.

10 "The Ego and the Id," *SE* ⅩⅨ, p. 53.

11 *SE* ⅩⅩ.

자아의 불안 그리고 대상이 베푸는 사랑의 상실과 같은 네 가지 기본적인 위험에 대해 설명한다. 대상의 상실이나 대상이 베푸는 사랑의 상실, 그리고 거세 공포의 경우, 그 공포는 본능적 욕구에 압도되는 것에 대한 두려움이다. 본능적 욕구는 생명본능과 죽음본능으로부터 나오는 것으로서, 방출(discharge)될 수 있는 것이 아니다. 초자아 불안의 경우, 공포는 초자아의 공격에 직면한 무기력함에 대한 공포이다. 프로이트는 자아가 압도되는 "외상적 불안"과 외상적 불안의 위협을 경고하는 "경고적 불안"을 구별한다. 실제 위험이 존재하고 있다는 공포와 관련해서 자아는 실제적인 행동을 할 수 있다. 위협적인 내적 위험에 대한 경고 불안이 나타날 때, 자아는 심리적 방어기제를 발동시킨다.

프로이트는 처음에 히스테리 연구를 통해 억압을 발견했고, 그것을 방어기제로 설명했지만, 강박신경증 연구에서 다른 방어기제들도 존재한다는 사실을 발견했다. 하나를 예로 들면, 감정이 사고로부터 분리되는 것인데, 이것은 강박증인 사람의 경우, 불안이 만들어내는 사고가 의식 안에 머무르는 반면, 감정은 억압되는 모습에서 찾아볼 수 있다. 정신분석적 지식이 발전함에 따라, 더 많은 방어기제들이 발견되고 설명되었다.

클라인은 여러 방어기제들 중 투사, 내사, 동일시, 그리고 자아의 분열, 이 네 가지를 특별히 중요한 것으로 인식하였다. 이 가운데 투사와 내사는 자아가 원본능으로부터 발달하고 계속해서 쾌락 - 고통 원리의 지배하에 있게 되기 때문에 순수한 쾌락 자아에서 그 기원을 갖는다. "본래의 쾌락 자아는 좋은 것을 모두 자신 안에 내사하고, 나쁜 것을 모두 방출시키려고 한다."[12]

투사는 편집증에서 특징적으로 드러나는 방어기제이다. 여기

---

12 "Negation," *SE* XIX, p. 237.

에서 주체는 자신의 충동들을 대상에게로 돌린다. "난 그를 미워
하지 않는다―그가 나를 미워한다." 페렌찌가 처음 사용한 내사
라는 용어는 투사의 반대되는 개념이다. 내사는 대상을 먹으려는
가장 초기의 구강기적 충동의 정신적 표현으로서 대상의 특성을
마음 속으로 들이는데 사용된다. 프로이트는 처음에 내사를 우울
증과 관련하여 설명했다; 후에 그는 내사가 정상적인 발달의 한
부분이고, 자아는 대상을 내사하지 않고는 그 대상을 포기하지
않는다는 결론에 이르렀다. 그는 "자아와 원본능"에서 자아는
"대상에 집중되었던 리비도가 포기됨(abandoned object cathexes)"
으로써 생겨난 것이라고 말했다.[13] 그는 또한 내사가 구강기적 기
제에 뿌리 박고 있기에 처음부터 활발하게 작용하지만, 오이디푸
스 콤플렉스 시기의 내사는 더욱 대대적이고 역동적이어서 그
중요성이나 영향력에 있어서 초기의 내사들과는 비교가 되지 않
는다고 생각했다.

　프로이트는 내사 이전에 동일시 과정이 있음을 발견했는데, 그
것들은 때때로 명확하게 구별되지 않는다. 그는 다양한 종류의
동일시에 대해 설명했다. 하나는 대상을 모델로 사용하여 자아와
동일시하는 것이다. 주체는 대상의 특성들과 동화한다; 그리하여
동일시는 대상의 상실이나 대상과의 경쟁에 맞서는 방어기제가
될 수 있다. 부모와의 동일시는 오이디푸스 콤플렉스를 해결하는
과정의 일부이다. 다른 유형의 동일시는 자기애적 대상 선택이다.
여기서는 자기 자신이 모델이 되고, 자신의 특성을 대상에서 찾
는다. 동일시는 전-오이디푸스적이거나 오이디푸스적이다. 프로
이트가 내사 이전에 이루어지는 동일시에 대해 설명하고는 있지
만, 전-오이디푸스적 동일시가 내사에 기초한 것인지 그것과는

---

13 *SE* ⅩⅨ, p. 29.

상관이 없는 것인지는 명확하지 않다. 하지만, 오이디푸스 콤플렉스의 특성은 부모와의 내사적 동일시에 달려있다.

자아의 분열은 프로이트가 이성의 의복 등에 집착하는 성욕도착(fetishism)과 정신병의 경우에서 관찰한 방어기제이다. 그는 본래 자아 분열을 현실과의 관계에서 나타나는 장애에만 적용했다. 자아는 현실을 고려하는 정상적인 부분과, 본능의 영향 아래 있는 비현실적인 부분으로 분열된다. 하지만, 그는 자신의 마지막 논문들에서[14] 어떠한 방어기제라도 일단 사용되면, 자아는 어느 정도 분열될 수밖에 없으며, 따라서 방어기제를 지나치게 사용하는 것은 언제나 자아를 약화시키는 결과를 가져온다고 지적했다.

아브라함(K. Abraham)은 정신분석적 지식을 발전시킨 저명한 정신분석학자이다. 그는 클라인에게 많은 영향을 주었고, 정신분석이론의 모든 분야에 걸쳐 공헌했다. 그의 가장 중요하고도 독창적인 공헌은 전-성기기적 발달단계에 대한 연구이다.[15] 그는 구강기와 항문기를 세분화했고, 구강기를 초기의 빠는 단계와 후기의 구강기 가학적 단계로 구분했다. 초기 구강기 단계는 양가감정 이전의 상태이다. 이때 유아의 목표는 빠는 것이며, 여기에는 사랑도 미움도 구별할 수 없다. 후기 구강기 단계에서 유아는 양가적인 방식으로 젖가슴과 관계하고, 그것을 깨물고 식인적으로 먹어치우려고 한다. 초기 항문기 단계는 축출적이고 가학적이다; 여기에서는 후기 구강기의 가학증이 계속되고, 먹어치움의 대상이 대변으로 방출된다. 후기 항문기 단계는 보유적이다. 이 시기

14 "An Outline of Psycho-Analysis,"*SE* ⅩⅩⅢ, pp. 202-204 ; "Splitting of the Ego in the Process of Defence," ibid., pp. 275-278.

15 K. Abraham, "A Short Study of the Development of the Libido, Viewed in the Light of Mental Disorders" (1924), in *Selected Papers of Karl Abraham*, pp. 418-501.

에 대상에 대한 관심이 나타나고, 대상(대변)이 여전히 가학적으로 통제되지만, 그것을 보존하려는 소망도 나타난다. 전-성기기의 대상은 부분 대상이다. 부분 대상이란 말은 아브라함이 만든 용어로서 사람으로서의 부모를 나타내는 것이 아니라, 젖가슴이나 페니스와 같은 부모의 해부학적 신체 부분과의 관계를 나타내는 용어이다. 예를 들어, 프로이트는 유아가 젖가슴에 대해 가지는 부분 대상과의 관계들을 설명한다. 그는 전체 인격으로서의남성에 대한 욕망에서 부분 대상인 페니스 욕망으로 퇴행하는 여성의 성욕을 통해서도 이러한 부분 대상관계로의 퇴행을 설명하지만, 그러한 전-성기기적 고착을 그렇게 중요하게 생각하지는 않았다. 반대로 아브라함은 부분 대상인 젖가슴과 그것이 대변으로 전환되는 것과 같은 구강기적, 항문기적 부분 대상과의 관계를 매우 자세히 연구했다. 그가 처음으로 이 과정에서 내적 대상의 상실에 대해 묘사했는데, 그것은 유아가 대변의 방출을 내적 대상의 상실로 경험한다는 것이다. 그는 구강기 발달단계에 많은 관심을 가졌기 때문에 유아가 어머니와 갖는 양가적 관계에도 프로이트보다 더 많은 중요성을 두었다. 특히 그는 우울증에서 어머니를 미워하는 것이 중요한 역할을 한다는 사실을 발견했다.

　이러한 세분화는 단지 학술적인 이론의 관점에서만 행해진 것은 아니었다. 아브라함은 그의 임상 연구에 기초하여 이 단계들을 세분화하였고, 조울증적 질병의 고착점이 후기 구강기 단계와 초기 항문기 단계에 있다는 것과, 강박신경증의 고착점이 후기 항문기 단계에 있다는 것을 증명했다. 그는 이 연구를 통해 강박신경증뿐만 아니라 조울증 정신병 환자를 효과적으로 분석할 수 있었고, 우리의 지식을 구강기, 항문기 발달단계까지 확장시켰을 뿐만 아니라, 우울증, 조증, 강박신경증 사이의 상호관련성을 연구할 수 있게 하였다.

클라인은 1920년 바로 직전에 연구를 시작했는데, 그 당시에는 정신분석이 전환기에 있었고, 프로이트의 새로운 생각들이 새로운 접근을 위한 자극제가 되고 있었다. 아브라함의 생각을 발전시키면서 클라인은 새롭고 고무적인 생각과 견해를 정신분석에 끌어들였다. 하지만, 클라인의 연구는 심한 반대를 불러일으켰고, 아직도 활발한 논쟁을 불러일으키고 있다.

클라인의 연구를 소개하기 전에 정신분석 기술에 대해 간략하게라도 언급하는 것이 중요할 것 같다. 왜냐하면 정신분석에서 이론과 기술은 뗄 수 없이 밀접하게 연관되어 있기 때문이다.

최면술을 단순하게 적용하는 것으로부터 시작해서, 프로이트는 정신분석 기술을 발전시켰다. 프로이트가 고안한 정신분석 환경(setting)과 기술의 진수는 다음과 같이 간략하게 설명할 수 있다. 분석가는 환자에게 매주 규칙적인 시간을 할애한다. 분석가는 환자를 긴 의자에 눕게 하고, 자신의 생각을 자유롭게 말하게 한다 : 즉 자유롭게 연상하게 한다. 분석가는 환자와 의사소통 할 때 수용적이어야 하며, 비판, 동의, 감정의 전달 또는 감정표현과 같은 개인적인 반응을 삼가하도록 한다. 분석가의 중립성이 보장되는 환경에서 환자는 다른 어떤 상황에서보다 자유롭게 연상할 수 있고, 점차로 자신의 무의식적 갈등을 분석가가 인식할 수 있는 방식으로 표현하게 된다 : 그리고 나서 분석가는 환자의 연상이 지닌 숨겨진 의미에 대해 이야기, 즉 해석할 수 있다. 하지만, 정신분석 과정과 해석은 환자의 저항을 받는다. 본래 갈등으로 인한 고통때문에 발달된 어떤 방어기제도 통찰에 대한 저항으로 작용한다. 이 저항은 이해되고, 분석되어야 한다. 환자는 본래 자신이 필요해서 찾아오고, 자유연상을 통해서 협력하고 이해하며, 자신의 저항을 극복하기 위해 노력한다. 분석상황에서 환자는 자신의 유아기적 소망과 갈등에 대해 알게될 뿐만 아니라 그것들을 되살려 낸다. 그는 자신이 과거에 중요한 대상인 부모나 형제자매들과의 관계 속에서 가졌던 충동, 기대, 환상들을 분석가에게 전이시킨다. 처음에는 과거의 기억에 저항하는 것으로 생각되는 이런 전이는 점차 정신분석 치료의 중심적인 요소가 된다. 그것은 환자가 오래된 갈등들을 보다 개방적이고 새로우며 보다 건강한 해결 방법을 찾을 수 있는 새로운 환경 속에서 재활성화시키기 때문이다. 긍정적 전이(사랑)는 협력을 증진시키기도 한다.

클라인은 결코 정신분석 환경과 기술을 떠나지 않았고, 사실상 여러 측면에서 엄격하게 정신분석적 기술을 따랐다고 말할 수 있다.

제 2장

어린시절

멜라니 클라인은 1882년에 비엔나에서 태어났다. 그녀의 아버지 라이제스 박사 (Dr. Moriz Reizes)는 엄격한 정통 유대교 가문 출신으로서, 부모는 그를 매우 영리한 아이라고 생각했기 때문에 랍비가 되기를 원했다. 부모는 그를 한번도 본적이 없는 여성과 결혼시켰다. 그러나 젊은 청년은 정통파 유대교 관습에 거역했다. 그는 부모 몰래 공부하여 독일 대학 **입학자격**(matura)을 획득했고, 의과대학에 진학했다. 그는 가족으로부터 독립하기는 했지만, 그렇다고 해서 관계를 끊은 것은 아니었다. 사실 아버지가 매우 연로해서 다른 자식들이 그를 모시지 않으려고 했을 때, 임종 때까지 그를 돌본 것은 아버지를 거역한 아들 라이제스였다. 그는 부모로부터 독립했을 때 첫 번째 아내와 이혼했고, 후에 40이 넘어 사랑에 빠진 도이취(Libusa Deutsch)와 결혼했다. 이 결혼 생활에서 얻은 네 아이 중 막내가 멜라니 클라인이었다. 라이제스가 의사로서 그다지 성공하지 못했기 때문에 그의 부인은 열대 동식물을 파는 상점을 운영해 가계를 도왔다. 그러다가 라이제스는 멜라니가 다섯 살 때 재산을 상속받아 치과를 개업했는데 그 것은 매우 성공적이었다. 멜라니는 커다란 새 아파트와 더욱 편안해진 환경에 자신이 얼마나 기뻐했는지 생생하게 기억했다. 그

녀는 아버지와 그리 가깝지 않았다. 그녀가 태어났을 때 아버지
는 50이 넘었고, 어린아이를 대할 때에 참을성이 없었다. 반면에,
그녀는 아버지의 지적인 성취에 매우 깊은 인상과 자극을 받았
다. 예를 들어, 그는 10개국의 유럽 언어를 공부했으며, 폭넓게 독
서를 했기 때문에, 멜라니가 성장 과정에서 던진 질문들에 항상
대답해 줄 수 있었다. 그는 그녀가 열 여덟 살이었을 때 세상을
떠났다.

그녀는 아버지보다 어머니와 더 가까웠는데, 그녀가 기억하기
로 어머니는 아버지보다 훨씬 젊고 아름답고, 따뜻한 마음씨를
가졌으며, 용기 있고 진취적인 분이었다. 그녀는 그 당시 의사의
아내로서는 드물게 상점을 운영했을 뿐 아니라, 후에 멜라니가
학업을 마치고 아버지가 병이 들었을 때 가계 수입을 보태고, 가
족이 함께 있도록 지켜준 장본인이었다. 어머니는 말년을 멜라니
의 집에서 보냈는데, 이것이 불행한 시절을 보내고 있던 그녀에
게 큰 위로가 되었다. 어머니는 1914년에 돌아가셨다. 멜라니는
오랜 병환 이후에 침착하고 용기있게 죽음을 맞이하는 어머니의
모습에 깊이 감동했고, 노년에 종종 이에 대해 말하곤 했다.

멜라니는 별 어려움 없이 자유롭게 성장했다. 그녀는 어린시절
을 매우 안정되고 행복했던 것으로 기억했다. 그러나 가정 생활
에서 종교는 별로 영향을 끼치지 못했다. 그녀의 아버지는 부모
님을 거역한 이후에 다소 교권에 반대하는 입장을 가졌고, 그녀
도 아버지 가족들 중 정통파의 복장을 한 사람들을 싫어했다. 어
머니 또한 랍비 가문 출신이었지만, 그들과는 전혀 다른 부류의
사람이었다. 그들은 깨어있고, 자유로우며 철학에 조예가 깊은 인
본주의자들이었다. 어머니는 아버지와는 반대로 유대교의 몇몇
의무 사항들을 지켰다. 그녀는 유태인 고유의 요리를 잘하지도
못하면서 집안 식구들에게 그것을 소개하려고 했으며, 일년에 한

번 금식했고, 회당에도 일년에 한번씩 참가했다.

멜라니는 종교적이지 않았다. 그녀는 아홉 살 또는 열 살때, 매우 매력을 느꼈던 프랑스 문화의 영향 아래 카톨릭에 마음이 끌렸고, 잠시 동안 자신이 카톨릭 신자가 되면 부모님이 몹시 속상해 하실 거라고 생각했기 때문에 괴로워했다. 그러나 젊은 날의 이러한 일화와는 상관없이 그녀는 종교적 또는 비종교적인 감정으로부터 매우 자유로웠다. 그녀는 무신론자였고, 위선을 싫어해서, 자신의 장례식을 사회적 또는 전통에 따른 종교의식으로 행하지 말 것을 분명히 했다. 그녀는 또한 "아이들을 위해서"라는 명분아래 믿지 않는 부모들이 자녀들에게 종교를 가르치는 것에 반대했다. 그녀는 스스로 갖지 않은 종교를 아이들에게 가르쳐서는 안된다고 굳게 믿었다. 반면에 그녀는 자신의 유대교적 뿌리를 매우 잘 알고 있었고, 유대교 전통을 좋아했으며, 유대교 정신을 부인하는 사람들을 존경하지 않았다.

맏언니 에밀리(Emily)는 그녀보다 여섯 살 위였고, 오빠 엠마뉴엘(Emmanuel)은 다섯 살, 그리고 시도니(Sidonie)는 네 살 위였다. 그녀는 시도니와 엠마뉴엘과의 관계에서 깊은 영향을 받았는데, 이 둘은 모두 어린 나이에 죽는 비운을 겪었다. 연주창을 잃었던 시도니는 어린시절 대부분의 시간을 병원에서 지냈기 때문에 함께 보낸 시간이 많지 않았지만, 멜라니는 시도니가 집에서 보낸 마지막 몇 달의 삶을 생생하게 기억했다. 막내인 멜라니는 당시에 두 명의 손위 형제들에 의해 괴롭힘을 당했는데, 이때 시도니는 그녀의 보호막이 되어 주었고, 그녀에게 읽고, 쓰는 법을 가르쳐 주었다. 여덟 살 난 어린 시도니는 자신에게 죽음이 다가오고 있다는 것을 매우 잘 알고 있었고, 멜라니에게 자신이 죽기 전에 알고 있는 모든 것을 가르쳐 주고 싶다고 말했다. 그녀는 멜라니가 다섯 살 때 아홉 살의 어린 나이로 죽었다. 멜라니는 오빠 엠마뉴엘과는 보다 지속적인 관계를 가졌다. 그녀는 오빠와의 경험이 자기 자신을 형성하는데 가장 중요한 영향을 끼친 것으로 여겼다. 피아노를 연주하고 수필과 시를 쓰는 등 뛰어난 재능을 가진 오빠는 의학을 공부하기 시작했지만, 건강이 좋지 않아 포기했다. 멜라니가 아홉 살이나 열 살 쯤 되었을 때 그는 자신의 마음에 드는 멜라니의 시를 발견했고, 그때부터 둘은 엠마뉴엘이 20대 중반의 나이로 죽을 때까지 가깝게 지냈다. 열네 살 때에 멜라니는 대학에서 의학을 공부하기로 결심했다. 그렇게 하기위해 그녀는 피상적인 교육만 시키던 **리시움**(lyceum)을 떠나 대학입학 자격시험(matura)과 대학 진학을 준비시키는 **김나지움**(gymnasium)으로 옮겨야 했다. 이때 오빠가 나서서 입학 시험을 위해 그리스어와 라틴어를 지도해 주었다. 멜라니가 좀 더 나이가 들었을 때, 오빠는 매우 활발하게 지적 활동을 추구하는 그의 친구들을 멜라니에게 소개시켜 주었는데, 이들은 그녀의 지적 활동이 꽃필 수 있는 좋은 환경이 되어 주었다. 오빠는 다소 반항적이어서 아버지와 많이 다투었다. 지적 분위기의 집안에서 아버지와 오빠는 괴테와 쉴러의 상대적인 장점들에 대해서 논쟁을 하곤 했다. 아버지는 괴테가 과학적으로 가장한 떠돌이 약장수라고 소리치곤 했다.

엠마뉴엘은 류마티스성 심장 질환을 앓았고, 시도니처럼 자신의 죽음이 임박해오고 있다는 것을 알고 있었다. 한번은 멜라니에게 자신의 운명의 신이 자신으로부터 빼앗아갈 날들만큼의 행복한 나날들을 그녀에게 주었으면 좋겠다고 편지를 썼다. 그는 멜라니의 재능을 굳게 믿고 있었으며, 그녀에게 멋진 미래가 있을 거라고 예언했다. 그녀도 그를 매우 존경했다. 그가 갑자기 죽었을 때, 외국에서 결혼해 슬로바키아에 살고 있던 멜라니는 임신한 상태임에도 불구하고 비엔나로 돌아와 그의 시와 수필들을 출판하는 일에 전념했다. 하지만, 그 계획은 출판하기로 약속한 출판사가 도산했고, 후에 전쟁이 발발했기 때문에 성공하지 못했다.

이 두 형제의 죽음, 특히 엠마뉴엘의 죽음은 멜라니의 성격의 한 부분으로서 지속되었던 우울증에 적지 않은 영향을 미쳤다. 그 둘은 그녀의 지적 흥미를 자극했고, 발전과 성취를 추구하는 것에 대해 거의 의무적인 감정을 갖도록 했다.

그녀는 오빠의 소개로 장래의 남편인 아더 스테판 클라인(Arthur Stephen Klein)을 만났다. 그가 오빠의 친구라는 사실이 젊은이에게 더 큰 장점이 되었다. 그녀는 당시에 아더의 지성에 넋을 잃었고, 많은 감동을 받았다. 그러나 열아홉 살에 한 그와의 약혼은 의학을 공부하려는 그녀의 계획을 방해했다. 기술자였던 미래의 남편이 여러 공장으로 옮겨다녀야 했기 때문에 그녀는 비엔나에 머물러 있을 수 없었다. 그녀는 약혼 기간 2년 동안 비엔나 대학에서 인문학을 공부했다. 그녀는 만약 의학 학위를 가졌더라면, 자신의 견해가 좀 더 잘 받아들여졌을 것이라고 믿었기 때문에 평생을 두고 의학을 공부하지 않은 것에 대해 후회했다. 이러한 감정은 유·명한 영국의 정신분석가인 에드워드 글로버(Edward Glover)와 논쟁을 할 때 특히 더 심했다. 글로버는 본래 그녀의 아동 연구를 지지했고, 그것을 정신분석에 대한 중요한 공헌이라고 했지만, 그녀가 정신질환의 근원에 대한 이론들을 발전시켰을 때, 의학 지식이 없는 일반인이 정신병을 논한다는 사실에 대해 크게 반대했다.

그녀는 스물 한 살에 결혼했고, 남편과 처음 몇 년간은 슬로바키아, 나중에는 실레지아(Silesia)의 작은 도시들에서 살았다. 이 시기에 그녀는 불행했다. 그녀는 비엔나에서 누렸던 지적인 자극을 잃어버렸다. 결혼은 처음부터 문제가 많았다. 그녀는 언어를

배우는 것에서 위안을 얻고자 했으나, 사실 그녀의 유일한 행복
은 1904년에 태어난 멜리타(Melitta) 그리고 3년 후에 태어난 한
스(Hans)와 함께 있는 것이었다.

1910년 마침내 그녀의 남편이 부다페스트에서 일자리를 잡자,
그녀의 삶은 크게 달라졌다. 그곳에서 그녀는 그토록 바라던 지
적 교제를 하게 되었고, 더 중요한 것은 프로이트의 연구를 처음
접하게 된 것이었다. 비엔나에 있을 때 그녀의 관심을 문학, 예술
분야로 옮긴 적이 있지만, 프로이트에 대해서는 들어보지도 못했
다. 나중에 그녀는 놓쳐 버린 기회들을 매우 유감스러워 했다. 같
은 도시에 살았기 때문에 그를 찾아갈 수도 있었고, 그와 함께
연구를 할 수도 있었을 것이다. 부다페스트에서 그녀는 프로이트
의 대중적인 저서인 「꿈에 관하여」(On Dreams, 1901)[16]를 우연히
읽게 되었는데, 이로부터 전 생애에 걸쳐 지속된 정신분석에 대
한 그녀의 관심이 시작되었다. 정신분석의 연구와 실험과 그것에
대한 기여는 그녀의 삶을 지배하는 열정이 되었다. 클라인은 페
렌찌에게서 분석을 받았고, 그의 지원에 힘입어 어린이 분석을
시작하게 되었다. 1917년에 그녀는 오스트리아와 헝가리 학회에
서 프로이트에게 소개되었다. 그녀는 1919년 헝가리 학회에서 첫
논문인 "아동의 발달(The Development of a Child)"[17]을 발표했고,
그 논문의 영향력에 힘입어 부다페스트 학회의 회원이 되었다.
그녀는 셋째 아이 에릭(Eric)이 다섯 살 되던 해인 1919년까지
부다페스트에 머물렀다. 그리고 나서 스웨덴으로 일하러 간 남편
과 헤어져 슬로바키아의 시부모와 1년을 함께 지냈다. 이 기간이
1922년 이혼의 전주곡이었다. 1920년 헤이그의 정신분석학회에

---

16 *SE* V.

17 Part I of "The Development of a Child" (1921),*Writings (The Writings of Melanie Klein)* I.

서 클라인은 칼 아브라함을 만나 깊은 인상을 받았다. 아브라함은 그녀의 어린이 분석에 대해 격려해 주었고, 1921년 그녀가 베를린으로 가도록 길을 열어주었다. 그곳에서 그녀는 어린이뿐만 아니라 성인에 대한 정신분석을 수행했다. 그녀는 페렌찌와의 분석결과에 만족하지 못해, 1924년 아브라함에게 자신의 분석을 맡아달라고 설득했다. 아브라함은 베를린에 있는 동료 분석가들을 싫어했지만, 클라인이 정신분석에 크게 공헌할 것이라고 확신하고 있었다. 그는 1924년 독일 정신분석가들의 첫 회의에서 클라인의 에르나(Erna)에 대한 연구를 요약하면서,[18] "정신분석의 미래는 놀이기술에 달려 있다"라고 말했다. 그는 예외적으로 그녀를 분석하기로 허락했다. 그러나 이 분석은 14개월 후 아브라함의 사망으로 인해 갑작스럽게 중단되었다.

클라인의 두 분석가들과의 관계는 매우 다른 것이었다. 그녀는 페렌찌가 자신의 연구를 격려해주었고, 그와의 분석을 통해서 무의식의 역동성이 지닌 중요성에 대한 확신을 얻었다는 점을 감사하게 생각하고 있었다. 하지만 그녀는 페렌찌가 부정적 전이(분석가에 대한 적대적 감정)를 분석하지 않았고, 따라서 자신에게 지속적인 통찰력을 제공해 주지 못했다고 느꼈다. 페렌찌는 또한 분석적 기술을 점차 포기하고, "행동적 기술"을 고안해냈다. 그는 중립적인 해석자로서의 분석가 역할을 포기했고, 적극적으로 환자를 격려하고, 확신시키고, 안내했다. 이것은 결국 프로이트와의 결별을 가져왔다. 처음부터 클라인은 정신분석의 원칙들을 벗어난 이론적 발달에 반대했고, 이에 대해 페렌찌는 가슴아파했다. 그녀는 아브라함을 진정으로 존경했으며, 그에게 감사했다. 그와 함께 한 14개월 동안의 분석은 그녀에게 정신분석에 대한 진

---

18 *Writings* II, pp. 35-57.

정한 이해를 심어 주었다. 그의 때 이른 죽음은 그녀 생애의 가
장 큰 손실 가운데 하나였다. 하지만 그녀는 그의 연구를 계속
이어나가기로 굳게 결심했다. 그녀는 여러 해 동안 수행하던 자
기 분석을 더 집중적이고, 규칙적으로 하기 시작했다. 비록 그녀
가 페렌찌로부터 내사의 개념을 얻기는 했지만, 아브라함의 연구,
특히 우울증에 대한 연구는 그녀에게 매우 중요한 영향을 미쳤
다. 그녀는 자신을 그의 제자로 생각했고, 자신의 연구는 프로이
트와 아브라함의 연구에 기여하고, 그것을 발전시킨 것이라고 여
겼다.

아브라함이 죽은 후 클라인은 베를린에서 생활하기가 어려워
졌다. 아브라함을 잃은 것과 자신의 분석이 가로막힌 것도 깊은
슬픔이었지만, 그의 지원이 없었기 때문에 베를린에서 그녀의 연
구는 계속 공격을 받았다. 안나 프로이트가 클라인과 거의 비슷
한 시기에 어린이 분석을 시작했지만, 양쪽의 접근방법이 달라서
둘 사이에는 상당히 많은 논쟁과 갈등이 있었다. 베를린 학회의
주류는 안나 프로이트를 따라, 클라인을 비정통으로 간주했다.
1925년에 클라인은 잘쯔부르그(Salzburg)회의에서 어린이 정신
분석 기술에 대한 첫 논문을 발표했으며, 그 논문은 커다란 논쟁
을 불러일으켰다. 그리고 그 곳에서 그녀는 어니스트 존스를 만
났다.[19] 존스는 이 논문에 깊은 인상을 받았고, 정신분석의 미래는
어린이 분석에 달려 있다고 한 아브라함의 말에 동의했다. 베를
린에서 아브라함과 함께 정신분석을 했던 앨릭스 스트레이치
(Alix Strachey)의 의견과 클라인의 연구에 처음부터 관심을 가졌
던 존 리비에르(John Riviere)의 영향을 받은 존스는 클라인을 영

---

19 Published in 1926 under the title "The Psychological Principles of Early
Analysis,"*Writings* I, pp. 128-38.

국으로 초청해서 어린이 정신분석을 주제로 강의하도록 주선했다. 1925년 애드리언 슈테판(Adrian Stephen) 박사의 집에서 그녀는 「어린이 정신분석」(*The Psycho-Analysis of Children*)의 중요한 기초를 형성한 여섯 번의 강의를 했다. 클라인은 3주 동안 강의를 했던 이 시간들을 자신의 생애에서 가장 행복했던 시절로 회상했다.

1927년 경에 그녀는 영국에서 자리를 잡고, 죽을 때까지 그곳에서 살았다. 이것은 그녀가 한번도 후회한 적이 없는 선택이었다. 그녀에게 어려움이 있었고, 그녀의 연구로 인해 영국 정신분석학회에서 피할 수 없는 논쟁들이 있었지만, 그녀는 다른 어느 곳에서보다 영국 학회에서 더 좋은 반응과 지원을 받았다고 느꼈다. 그녀는 또한 자신을 받아준 영국에 깊은 애착을 가지게 되었다. 그녀는 당시 열 세 살이던 막내아들 에릭을 데리고 갔는데, 몇 년후 의사인 발터 슈미더버그와 결혼한 멜리타도 런던으로 왔다. 둘은 모두 의사였고, 정신분석의 훈련을 받고 있었다. 맏아들 한스는 아버지의 뒤를 따라 기술자가 되어 베를린에 남았다.

제 3장

놀이기술

1927년 클라인이 런던에 도착했을 때, 그녀가 놀이 분석이라고 부른 어린이 분석 기술은 완전히 정립된 상태였다.

이 기술이 얼마나 혁명적이었는지를 이해하려면 어린이 정신분석의 시작에 대해 몇 가지 사실을 알아야 한다. 정신분석적 발견에 있어서 항상 그렇듯이, 어린이 정신분석에 첫 발을 내딛은 사람은 역시 프로이트였다. 그는 성인 분석으로부터 성인의 신경증이 오이디푸스 콤플렉스 시기에 존재하는 어린이 신경증에 뿌리를 두고 있다는 결론에 도달했다. 그는 후에 늑대 인간으로 알려진 사람의 사례를 설명한 "유아신경증의 역사로부터(From the History of an Infantile Neurosis, 1918)"라는[20] 자신의 글에서 성인 환자의 신경증 분석을 통해, 환자가 잠재기 이전에 겪은 유아 신경증이 성인 신경증의 원인이 된다는 사실을 매우 명료하게 보여주었다. 이처럼 프로이트 자신이 아이들을 관찰했고, 제자들에게 할 수 있는 대로 관찰자료들을 모으라고 격려했지만, 이 시기에는 어린이 분석에 대한 체계적인 연구가 없었다. 유일한 예외로서 프로이트는 1909년에 어린 한스(Little Hans)의 사례 연구를

---

20 *SE* XⅦ, pp. 7-122.

출판했다.[21] 다섯 살의 소년 한스는 길거리에서 말에 물릴 것을
두려워하는 것과 관련된 광장공포증(agoraphobia)을 가지고 있었
다. 프로이트의 격려와 감독 하에 아이의 아버지가 그를 분석했
고, 아이의 긍정적 및 부정적 오이디푸스 콤플렉스를 밝혀냈다.
한스의 신경증이 호전된 결과와 함께 이 사례는 즉시 아동기 신
경증에 대한 프로이트의 가설을 확증해 주었고, 아이들 또한 정
신분석이 가능하며, 신경증이 그 시작단계에서 해소될 수 있는
가능성을 보여주었다. 출판 당시 프로이트는 아버지만이 그러한
분석을 감당할 수 있다고 생각했지만, 점차 이러한 자신의 견해
를 바꾸었다. 후에 나온 그의 논문들에서, 특히 그가 어린이 정신
분석의 가능한 이점들을 논의한 늑대 인간에 관한 글에서 그는
위와 같은 제약을 두지 않았다.

　이런 희망적인 시작에도 불구하고, 어린이 분석은 계속적으로
발전하지 못했다. 놀이에 대한 무의식적인 저항의 요소들이 있었
을 것이다. 모든 정신분석적 지식에도 불구하고, 분석가들은 아동
기의 순진무구함을 손상시키는 것에 대해 주저했던 것 같다. 클
라인은 내게 자신이 처음 베를린 학회에서 어린이 정신분석에
대한 연구결과를 발표했을 때, 어린이의 공격성에 대한 자신의
견해뿐 아니라, 어린이에게 직접적인 방식으로 성에 대해 말하는
것에 대해서도 분개하는 사람이 있었다고 말한 적이 있다. 이것
은 「어린 한스」(*Little Hans*)가 출판된 지 10년이 더 지난 후의
사건이었다.

　여기에는 기술적인 어려움도 있었다. 정신분석 기술을 아이들
에게 어떻게 적용할 것인가? 성인들은 자신의 질병에 대해 알기
때문에 분석을 받으려고 한다. 클라인 이전의 대부분의 분석가들

---

21 "Analysis of a Phobia in a Five-Year-Old Boy," *SE* Ⅹ, pp. 5-149.

은 아이들이 병에 대한 감각이나 도움의 필요성을 느끼지 못하기 때문에 그들의 협조를 기대하는 것은 불가능하다고 생각했다. 분석가 가운데 그 누구도 아이를 긴 의자에 눕혀놓고 자유연상을 시킨다는 생각을 할 수 없었고, 그들이 부모에게 의존되어 있는 한, 전이가 일어날 수 없다고 생각했다.

클라인의 천재적인 공헌은 아이가 놀이를 통하여 자신을 자연스럽게 표현한다는 점과 따라서 놀이는 아이들과의 의사소통의 수단으로 사용될 수 있다는 사실을 인식한 데 있다. 아이들에게 있어서 놀이는 "단순히 놀이"가 아니다. 놀이는 작업이며, 외부세계를 탐험하고, 정복하는 수단일 뿐 아니라 불안을 탐구하고, 정복하는 수단이기도 하다. 놀이 속에서 아이는 자신의 환상들을 극화함으로서 갈등들을 정교화하고 극복한다.

프로이트는 놀이를 증상을 나타내는 행위로 간주하고 아주 자연스럽게 분석에 포함시켰다. 예를 들어, 그는 도라가 손가방을 어떻게 가지고 노는지를 관찰하고, 이 놀이의 의미를 해석했다.[22] 「일상생활의 정신병리학」(*The Psychopathology of Everyday Life*) 이라는 글에서[23] 그는 자신의 갈등에 대해 말할 수 없었던 어린 사춘기 소년과의 상담에 관해 설명했다; 그때 그는 소년이 빵으로 작은 공을 만드는 것을 관찰했다. 그는 소년의 성적 문제들에 대한 첫 번째 의사소통으로서, 그의 관심을 끄는 이러한 증상적 행동을 이용했고, 후에 그 소년이 빵으로 만든 사람의 머리를 잘라냈을 때, 이것을 다시 자신의 설명에 사용했다. 그러나 프로이트뿐만 아니라 그 이전과 동시대의 그 누구도 아이에게 있어서 놀이의 중요성을 클라인만큼 분명히 깨닫지 못했고, 놀이를 아이

---

22 "Fragment of an Analysis of a Case of Hysteria" (1905), *SE* XII, pp. 76-79.
23 *SE* VI, p. 198.

의 무의식에 접근하는 주요한 통로로 생각하지는 못했다.

클라인은 놀이의 역할에 큰 비중을 두고, 적절한 환경이 주어진 상황에서 아이의 언어 소통과 자유로운 놀이는 성인의 자유 연상과 유사한 기능을 갖는다고 결론지었다.

> 놀이에서 아이들은 환상, 소망과 경험을 상징적으로 표현한다. 놀이에서 아이들은 꿈의 언어와 계통발생학적(philogenetically)으로 동일한 방식의 원초적인 표현 양태를 사용하고 있다. 우리는 프로이트가 꿈을 이해하기 위해 발전시킨 수단을 사용하여 그 언어에 접근해야만 그것을 완전하게 이해할 수 있다. 상징주의는 단지 그것의 한 부분일 뿐이다; 우리가 분석하는 동안 아이들의 모든 행동과 관련하여 그들의 놀이를 올바로 이해하기를 원한다면, 게임들 속에 아주 분명하게 자주 드러나는 상징뿐 아니라, 꿈의 작업에 이용된 모든 표현 수단과 기제들을 고려해야만 한다. 그리고 우리는 드러난 현상의 모든 상호관계들을 조사해야 할 필요성을 염두에 두어야만 한다.[24]

「어린이 정신분석」의 "초기 분석 기술"에 대한 장에서, 클라인은 어린이 놀이가 지닌 상징적 의미와 그것을 분석하는 자신의 기술을 설명해주는 사례를 제시하고 있다. 불안해하고, 불평하며, 억제되어 있는 네 살 된 피터는 다른 아이들, 특히 형제와 잘 지내지 못하고, 때로는 냉소적이며 공격적인 아이였다.

첫 면담 초기에 피터는 장난감 마차와 자동차를 가져와서 그것들을 일렬로 놓았다가 다시 옆으로 나란히 놓기를 여러

---

24 *Writings* I, p. 134.

번 반복했다. 이 사이에 피터는 말 두 마리가 끄는 마차를 가져 와
서 하나에 다른 하나를 충돌시켰는데, 그 결과 말의 발이 서로 부
딪쳤다. 그리고 그는 "내게는 프릿츠라고 하는 새 동생이 생겼어
요"라고 말했다. 나는 마차들이 무엇을 하는지를 물었다. 그는 대답
하기를, "그것은 좋지 않아요"라고 했고, 즉시 부딪치기를 멈추었
다. 그러나 그 놀이를 곧 다시 시작했다. 그리고 아이는 장난감 말
두 마리를 같은 방식으로 서로 부딪쳤다. 나는 "자, 말들은 서로 부
딪히는 두 사람이구나"라고 말했다. 처음에 아이는 "아니야, 그건
나빠요"라고 했지만 곧 "그래요, 그건 서로 부딪히는 두 사람이에
요"라고 말하고는 "말도 서로 부딪혔어요. 그리고 이제는 자려고
해요"라고 덧붙였다. 그리고 나서 벽돌로 그것들을 덮고는 말했다.
"그것들은 다 죽었어요. 내가 묻었어요."[25]

　피터와의 첫 면담에서 클라인은 그의 장난감들이 사람을 상징
한다는 사실에만 주의를 기울였다. 다음 면담에서 피터는 그네 두
개를 마주보고 흔들리게 해놓고는 사람이 앉는 부분을 가리키면
서 "이게 어떻게 서로 부딪히는지 봐요"라고 말했다. 클라인은 여
기서 두 그네가 서로 "찌찌(thingummies, 성기를 부르는 아이의
언어)"를 부딪히는 아빠와 어머니라고 해석했다. 아이는 처음에는
그것을 반대하며, "아니, 그건 나빠"라고 반복하다가 놀이를 계속
하며 말하기를, "이렇게 찌찌를 부딪히는 거야"라고 했다. 그리고
는 곧바로 다시 동생에 대해 말했다. 첫 면담에서 마차 두 대와
말들을 부딪친 뒤에도 새 동생이 생겼다는 말을 했었다. 그래서
클라인은 아빠와 어머니가 서로 찌찌를 부딪히면 동생이 태어난
다는 아이의 생각에 대해 해석했다. 계속되는 상담에서 아이의 놀

25 *Writings* II, p. 17.

이는 발전해서, 그 성관계에 참여하고 싶다는 소망을 나타냈다. 후에 갑자기 오줌을 싸고, 똥을 싸는 더욱 직접적인 반응을 통해서, 아이는 자신의 오이디푸스 콤플렉스와 양성(兩性)을 둘러싼 갈등을 드러냈다. 이미 첫 면담에서 화를 내고 장난감을 두드리며, "그들은 죽었어요"라고 표현한 것에서 부모와 형제가 죽기를 바라는 그의 소망이 명확하게 드러났고, 해석할 수 있게 되었다.

아동기 놀이의 중요성을 인식한 클라인은 환상 생활과 일반적인 성장의 장애를 보여주는 매우 중요한 징후인 놀이의 장애에도 관심을 기울였다. 놀 수 있는 능력에 장애가 있는 몇몇 아이들에게는 정신분석 요법만이 그 장애를 감소시킬 수 있다. 자유로운 놀이는 치료과정에서 자유연상이 그러하듯이 똑같이 억제될 수 있다. 이것은 놀이의 완전한 정지 또는 경직되고 상상력 없는 행동을 반복하는 것으로 나타난다. 성인의 분석에서 자유연상에 대한 저항이 그러하듯이 자유로운 놀이에 대한 이러한 억제는 잠재된 불안이 분석가의 해석에 의해 감소될 때 해결된다.

저항이 일어남으로 인해 방해 받았던 놀이가 다시 시작되었다 ; 그것은 더 깊은 마음의 층들을 변화시키고, 확장하며 표현한다 ; 아이와 분석가 사이의 접촉은 재수립된다. 해석이 주어진 뒤 강화된 놀이의 즐거움은 해석 후에는 더 이상 억압에 의해 에너지가 소모되는 일이 필요하지 않다는 사실에서 기인하는 것이다.[26]

아이들의 놀이의 중요성에 대한 이러한 통찰들은 오늘날 상식이 되었다. 하지만, 당시에 그것들은 아동 이해를 위한 완전히 새로운 영역을 열어 놓는 것이었다.

---

26 *Writings* I, p. 134.

클라인은 1946년 영국 정신분석학회에서 발표한 논문에서 자신의 치료기법을 간략하게 설명했다.[27] 그녀가 처음 분석을 시도한 아이는 다섯 살 된 프릿츠(Fritz)였다. 1920년에 그녀는 자신의 집에서 아이의 장난감을 가지고 놀이하는 아이를 분석했다. 첫 분석에서 그녀가 세운 목표는 성인을 분석할 때와 똑같은 입장을 가지고 아이를 분석해야 한다는 것이었다; 즉 무의식적 갈등을 의식으로 끌어내는 것, 성인을 분석할 때와 같은 재료를 가지고 해석의 규칙을 사용하여, 긍정적인 전이뿐 아니라 부정적인 전이에도 특별히 관심을 두어야 한다는 것이었다. 아이는 때로 매우 불안해했는데, 클라인의 해석이 그 불안을 활성화시켰다. 그녀는 그 불안의 근원을 해석함으로써 그것을 해소시키려고 노력했다. 어떤 때는 아이의 불안이 강화되었기 때문에 그녀도 역시 불안하고 불확실해지기도 했지만, 아브라함의 격려에 힘입어 자신이 선택한 기술을 계속해서 밀고 나갔다. 그리고 실제로 해석 후에 아이의 불안은 감소했다. 분석기간은 짧았지만, 치료결과는 좋아 보였다.

다음으로 중요한 사례는 1923년에 두 살 9개월 된 **밤 공포증**을 심하게 겪고 있는 리타(Rita)라는 아이의 분석사례였다.[28] 그녀는 이 분석을 아이의 방에서 아이의 고모와 어머니가 지켜보는 가운데 시작했다. 첫 상담에서 아이는 몹시 불안해하며 클라인과 함께 방에 있지 못하고, 뜰로 뛰쳐나갔다. 클라인은 리타에게 처음 만난 사람이 자신에게 어떤 행동을 할까봐 그녀가 두려워하고 있는 거라고 말해주고, 이 두려움을 아이의 밤 공포증과 연결시켰다. 이와 같이 그녀는 리타의 부정적인 전이에 대해 직접적

---

27 "The Psycho-Analytic Play Technique : Its History and Significance" (1955), *Writings* Ⅲ, pp. 122-40.

28 *Writings* Ⅱ, pp. 3-4, 6, 8.

으로 해석했다. 이러한 해석 후에 아이는 조용히 방으로 돌아와 클라인과 놀이를 계속했다. 하지만, 그녀는 곧 아이의 집에서는 분석작업이 성공하기 어렵다는 결론에 이르렀고, 장소를 자신의 상담실로 옮겨 진행했다. 이것은 중요한 발전이었다. 그녀는 성인 분석에서처럼 어린이 분석이 집과 가족을 떠난, 적당한 정신분석적 환경을 필요로 한다는 것을 깨달았다.

이 경험에 이어, 그녀는 다른 어린아이를 분석했는데,[29] 이때 특별한 인형을 사용하는 기법을 발달시켰다. 그녀는 아이에게 분석 상담에서 사용할 장난감이 담긴 상자를 주었다.

1923년에 그녀의 어린이 분석 원리와 기술은 완전히 확립되었다. 그녀는 아이에게 적합한 정신분석적 환경을 제공해 주었다: 아이는 엄격하게 정해진 시간—한번에 50분, 일주일에 5회—에 상담을 했다. 방은 아이를 위해 특별히 준비되었다. 아주 단순하고 튼튼한 가구와 아이와 분석가를 위한 작은 탁자와 의자, 그리고 작고 긴 의자가 마련되었다. 바닥과 벽은 닦아낼 수 있는 재질로 꾸며졌고, 아이들은 각각 자신의 장난감 상자를 가졌다. 장난감은 조심스럽게 선택되었다. 작은 집들과 두 가지 크기로 된 남자, 여자, 농장과 들짐승, 벽돌, 공, 작은 공깃돌, 가위, 실, 연필, 종이, 찰흙과 같은 놀거리들이 있었다. 이외에도 물이 준비되었는데, 이것은 어린이 분석에서 흔히 물놀이가 아주 중요한 역할을 하는 시기가 있기 때문이었다. 아이의 자유로운 놀이는 성인 분석에서 자유연상과 같은 기능을 하기 때문에 장난감의 선택은 매우 중요하다. 장난감이 놀이를 지배해서는 안된다. 성인 분석에서 분석가가 연상의 주제를 제시해서는 안되는 것처럼, 장난감도 놀이의 주제를 제시해서는 안된다. 그 자체에 특별한 의미를 가진 장난

---

29 "The Psycho-Analytic Play Technique" (1955), *Writings* Ⅲ, p. 125.

감이거나 병정 장난감처럼 어떤 역할을 부여하는 장난감을 주어
서는 안된다 ; 사람 모습의 장난감은 아이와 어른의 역할을 나타
내기 위해 두 가지 크기로 되어 있지만, 특징은 없다. 제복이나 특
별한 옷은 물론, 직위나 역할을 나타내는 것도 안된다. 장난감은
그 크기가 매우 작다. 이것은 클라인의 직관적인 선택이었다. 아
주 작은 장난감들은 놀이 분석에 특히 도움을 주는 것 같다. 아
마도 작다는 것이 내적 세계를 표현하는데 더 적합하기 때문일
지도 모른다. 도널드 위니캇은 영국 정신분석학회에서 클라인의
놀이기술에 대한 논문을 소개하면서, 그녀가 작은 장난감을 도입
한 것은 어린이 분석에서 가장 중요한 발전이라고 간주했다. 그
것들을 가지고 아이는 자신을 자유롭게 표현하고, 자신의 환상에
가장 적합하게 이용한다.

클라인은 아이가 놀이를 통해 자신의 강박증, 갈등, 환상들을
표현한다고 간주했다. 그녀의 기술은 꿈과 자유연상을 분석하는
것과 똑같이 놀이를 분석하고, 놀이에서 표현된 아이의 환상, 갈
등, 방어기제들을 해석하는 데 있다고 믿었다. 때때로 아이가 그
리는 그림들과 그것에 대한 연상들은 특히 교훈적이다.

한스를 분석한 이후 1919년까지 어린이 분석을 시도한 사람은
유일하게 후그 헬무트 (Hug Helmuth)뿐이었다. 클라인과 거의 같
은 시기에 안나 프로이트는 헬무트의 기술에 기초한 어린이 정
신분석을 발전시키기 시작했다. 안나 프로이트와 클라인의 접근
방법 사이에는 커다란 차이점이 있었으며, 둘 사이의 논쟁은 1927
년 어린이 분석 심포지엄에서 절정에 달했다. 안나 프로이트는
헬무트와 같이 아이는 전이를 발달시키지 않는다고 주장했다. 전
이에 대한 일반적인 이론은 환자가 과거에 부모와의 관계에서
경험한 감정과 환상들을 분석가에게 옮겨 놓게 되고, 결국 부모
와의 관계에서 발달한 갈등이 전이신경증에서 드러난다는 것이

다. 안나 프로이트는 아이가 부모에게 의존되어 있는 동안에는 이러한 전이가 일어날 수 없다 : "옛 대상의 영향력은 아직 소진되지 않았다."[30]고 말하면서 어린이 분석은 초자아를 강화시키기 위해서 분석적일 뿐만 아니라 교육적이어야 하며, 부정적인 전이는 가급적 피해야 한다고 생각했다. 그녀는 어린이에 대한 가치 있는 연구는 긍정적인 전이에서만 이루어진다고 믿었다.

　그러나 클라인은 아이가 성인이 인식하는 것과 같은 의미에서 "질병에 대한 인식"을 갖지는 못하지만, 심한 불안을 겪고 있으며, 적어도 도움을 필요로 한다는 점에 대해서는 성인 못지 않게 잘 알고 있다는 사실을 발견했다. 안나 프로이트의 견해와는 반대로, 그녀는 아이에게 있는 불안과 일반적인 의존의 경향성 때문에 아이는 오히려 분석가에게 빠르고 강한 전이를 발달시킨다고 생각했다. 어린이가 부모에게 의존되어 있다는 사실이 전이의 발달을 가로막지는 않는다는 것이다. 왜냐하면 분석가에게 전이되는 것은 실제 부모와의 관계가 아니라 내적 환상 안에 있는 부모 형상과의 관계이기 때문이다. 처음부터 그녀는 아이의 내적 세계와 분석가에게 전이된 내적 형상의 본질에 특별한 관심을 기울였다. 내적 부모는 종종 이상적이고 매우 나쁜 형상으로 분열되어 있다. 아이는 분열이라는 정신기제를 사용함으로써 부모에 대한 양가감정으로부터 자신을 방어하며, 따라서 부모의 이상적, 박해적 측면이 분석가에게 전이된다. 클라인은 정신분석 안에 교육적 수단이 끼어들 자리는 없으며, 그것은 정신분석 과정의 진행에 방해가 된다고 느꼈다. 그녀는 "진정한 분석 상황은 분석적 수단에 의해서만 조성된다"고 말했다.[31] 만일 긍정적 전이를

---

30 A. Freud, *The Psycho-Analytical Treatment of Children*, p. 34.
31 "Symposium on Child Analysis" (1927), *Writings* I, p. 143.

얻기 위해 교육적 수단과 같은 비분석적 수단을 이용한다면, 분석 상황은 자연스럽게 진행될 수 없다. 그녀는 또한 분석가가 어떻게든 긍정적인 전이를 얻으려고 하면, 아이는 자신의 분열된 적대감을 주변의 부모나 다른 사람에게로 옮기기 쉽다고 생각했다. 그런 상황에서 아이의 다른 관계들은 어려움을 겪게 되고, 본질적 갈등인 박해적 초자아에 대한 두려움은 결국 분석되지 못한 채 남기 쉽다는 것이다.

물론 이러한 기술적인 차이들은 이론적 접근방법의 차이와 연결되어 있다. 프로이트에 의하면, 초자아는 오이디푸스 콤플렉스의 해소를 통해 형성된다. 그 전에 아이는 실제 부모의 권위를 두려워한다. 부모의 금지에 대한 내사와 내적 권위의 형성 ― 초자아 ― 은 잠재기가 가까이 왔음을 알려준다. 어린아이의 초자아는 존재하지 않거나 또는 약한 것이라고 간주되며, 이러한 이론적 개념은 안나 프로이트의 견해와 기술의 기초를 이루고 있다. 이와는 대조적으로, 클라인은 어린이에 대한 임상적 관찰에 근거하여 어린아이를 두렵게 하고 벌 주는 내적 부모와 아이의 자아가 감당할 수 없는, 특히 가학적인 초자아가 어린이들의 환상 안에 있다고 믿게 되었다. 따라서 그녀는 어린이 분석에서도 어른의 경우와 마찬가지로 자아를 강화시키고 발달시키기 위해서는 초자아의 분석을 통해서 지나치게 엄격한 초자아의 성질을 완화시켜야 한다고 생각했다. 그녀의 치료적 접근방법의 목표는 초자아를 구성하고 있는 내적 인물들을 분석하고, 그러한 내적 인물들과 연결된 불안과 죄책감을 해소하는 것이었다.

정신분석의 발달에서, 이론과 기술 사이에는 밀접한 관계가 존재해왔다. 프로이트가 무의식 과정을 발견할 수 있었던 것은 최면요법을 통해서였다. 그 후로 무의식 과정에 대한 그의 생각은 자유연상 기술의 개발로 이어졌고, 이것은 그의 이론적 견해를

형성하기 위한 자료를 제공해 주었다. 클라인은 프로이트의 이론
과 기술로 무장한 채 어린이 정신분석에 접근했다. 그녀의 놀이
기술은 아이와 의사소통할 수 있는 방법으로 고안되었으며, 그녀
로 하여금 정신분석 원리를 고수하도록 허용해 주는 것이었다.
그것은 아이의 무의식에 접근할 수 있도록 했고, 이어서 아이의
성과 정신기구의 발달에 대한 그녀의 이론적 견해를 바꾸게 했
다. 프로이트는 어린 한스의 경우를 제외하고는 성인 정신분석으
로부터 어린이 심리학을 끌어낸 반면, 클라인은 아이들에 대한
직접적인 연구로부터 유아기 갈등과 정신구조에 대한 이론을 끌
어냈다.

제 4장

어린이 정신분석

　클라인의 초기 발견들은 오이디푸스 콤플렉스와 관련되어 있다. 그녀는 가장 초기의 아동 연구에서 오이디푸스 콤플렉스를 관찰했다. 그 당시에 사람들은 오이디푸스 콤플렉스가 네 살 이전에는 시작되지 않고, 여섯 살 경에 절정에 도달한다고 믿었다. 그러나 클라인은 오이디푸스 콤플렉스가 더 어린 아이에게서도 나타난다는 것을 입증하였다. 예를 들면, 리타의 경우[32] 두 살 9개월에 부모의 성교에 대한 환상을 가졌으며, 환상 속에서 어머니에 대한 오이디푸스 공격으로 인해 고통을 겪는, 밤에 대한 공포를 갖고 있었다. 이것이 어머니가 그녀를 박해하는 위협적인 악몽과 밤에 대한 공포를 형성하게 하였던 것이다. 클라인은 초자아가 당시에 생각했던 것보다 더 일찍, 그리고 좀더 복잡한 과정을 거쳐 형성된다는 것을 발견하였는데, 초자아는 오이디푸스 콤플렉스의 맨 마지막에 나타나는 '결정체'가 아니라 본질적인 오이디푸스적 콤플렉스의 한 부분이라는 것이다. 예를 들면, 오이디푸스 공격을 가한 리타에게 보복하는 어머니의 위협적인 모습은 초자아의 초기형태로 간주할 수 있다. 클라인은 자신의 연구에서

---

[32] *Writings* II, pp. 3-4, 6, 8.

아동의 삶이 부모의 성(性)에 대한 무의식적인 환상이나 또는 의식적인 환상에 의해 지배된다는 것을 발견하였다. 좌절, 질투, 시기심 등은 아동의 오이디푸스 상황에 의해 형성되는 것으로서 가학적 공격을 초래하고, 아동의 초기 초자아를 구성하는 위협적인 형상을 만들어 낸다. 클라인은 또한 오이디푸스 콤플렉스 그 자체가 전-성기기적 형태라는 것을 발견하였다. 리비도 발달단계에 따르면, 아이는 구강기에 서로 먹여주고 빠는 성적 만족을 교환하고, 항문기에는 소변이나 대변을 교환하고 항문성교등을 통해 성적 만족을 주고받는 부모를 상상한다. 이러한 환상은 실제적인 오이디푸스 질투와 시기심을 강화시킨다. 특히 문제가 있는 아동은 전-성기기적 형태가 그의 심상을 지배한다. 에레나(Erena)[33]의 예를 보자. 여섯 살 된 여자아이 에레나는 심한 강박신경증을 앓고 있었다. 처음에 그녀의 환상은 구강기적이었으나, 나중에는 항문기-가학적인 특성을 나타내었다. 치료 초기에 그녀는 남자 인형과 여자 인형을 서로 부딪치면서 그들이 내내 서로 사랑하고 있다고 말했다. 그러나 에레나는 곧이어 세 번째 인물(작은 남자 인형)이 그들 두 사람을 치어 죽이고, 구워서 먹었다고 말했다. 이때 작은 남자 인형은 에레나 자신을 의미한다. 그녀의 많은 놀이가 부모의 형상을 구워 먹는 것으로 끝이 났다. 이러한 놀이 가운데 에레나의 가학적 식인 충동이 분명히 나타나고 있다. 예를 들어, 그녀는 종이를 자르면서 다진 고기 속을 연상했으며, 종이에서 피가 나온다고 연상했고, 그리고 나서는 자신이 아프다고 말했다. 또 어떤 때에는 "눈알 샐러드(eye-salad)"라고 부르는 것을 만들면서 클라인의 코끝을 잘랐다고 말했다. 이러한 놀이는 에레나가 가학적이고 식인적인 환상을 통해서 자신의 부모를 공

---

33 Ibid., pp. 35-57.

격하고 있으며, 또한 전이에 의해 클라인을 공격하고 있음을 상
징한다. 그녀는 어머니의 젖가슴이나 아버지의 페니스를 먹는 것
을 상징하는 놀이를 많이 했는데, 이것을 '긴 황금색' 물건이라
고 불렀다. 그녀의 항문기적 환상도 역시 분명하게 드러났다. 그
녀는 부모의 성교를 대변을 보는 것으로 상상했고, 환상 속에서
는 자신의 대변을 더럽히고, 태우는 수단으로 사용하거나 독으로
사용하였다.

리타는 클라인의 환자 가운데 가장 어린 환자로서 이러한 환
상과 공포가 아주 어린아이에게도 나타난다는 것을 보여주었다.
리타는 세 살이 조금 안됐을 때 명백한 신경증 증세를 보이기
시작했다. 놀이는 위축되었고 그녀는 꾸짖음에 민감한 반응을 보
였으며, 극심한 죄의식과 불안을 겪고 있었다. 그녀는 인형을 가
지고 놀 때도 기뻐하지 않았고, 인형이 자기 아기가 아니라는 말
만을 되풀이했다 :

　　분석에 의하면, 초기에 리타는 자신이 어머니 역할을 하는 놀이
　를 할 수 없었던 것으로 보였다. 여러 물건들 중에서 아기 인형은
　어머니가 임신했을 때, 어머니에게서 훔쳐내고 싶었던 어린 남동생
　을 의미했다. 실제 어머니는 놀이를 금지하지 않았지만 내사된 누구,
　즉 리타를 실제보다 훨씬 엄격하고 가혹하게 다루는 그 누군가에
　의해 어머니가 되는 놀이는 금지되었던 것이다. 또 다른 강박증세로
　리타가 두 살 때부터 잠들기 전에 많은 시간이 소요되는 잠들기 의
　식이 생겼다는 점이다. 여기에서 주요한 점은 리타가 잠옷을 꽉 움
　켜잡고, 생쥐 혹은 **찌찌**(Butzen)가 창문으로 들어와서 자신의 **찌찌**를
　문다고 했던 점이다(리타의 이러한 모든 일련의 증세와 특징적인
　발달을 통해 거세불안이 드러나고 있다. 그녀의 놀이에서 역시 분명
　하게 아버지와 동일시하고자 하는 강한 욕구와 남성의 성기를 갖지

못한 것에 대한 공포가 거세불안으로부터 일어남을 보여주고 있다).
리타의 이러한 잠자리 의식은 점점 더 정교해지고, 오랫동안 계속되
었으며, 모든 것은 그녀의 강박적인 태도로 나타났다. 어느 분석 면
담 중에는 장난감 코끼리를 그녀 인형의 침대에 눕혀놓았는데, 이것
은 부모의 침실에 가서 "부모에게 무슨 일을 행하거나 그들에게서
무엇을 빼앗아 오지 못하도록" 막기 위한 것이었다. 코끼리는 그녀
가 한 살 3개월이었을 때부터 두 살 때까지 느꼈던 충동, 즉 아버지
와의 관계에서 어머니의 자리를 차지하고, 어머니의 뱃 속에 있는
아기를 훔치고, 부모를 모두 함께 상해하고 거세하고 싶었던 욕구를
금지하는, 그녀 속에 내재화된 부모의 역할을 상징하였다. 의식의 의
미가 이제 분명해졌다. 침구에 꼭꼭 싸 놓는 것은 부모에 대한 자신
의 공격 충동이 일어나는 것과 그 공격 충동이 표현되지 못하게 하
기 위해서였다. 그리고 어쨌든 이후에 계속해서 리타는 이러한 충동
때문에 부모가 자신의 충동과 비슷한 방식으로 자신을 벌할 것이라
고 생각하였다. 예를 들자면, 그녀는 아버지를 거세하려고 했던 소망
에 대한 벌로써 **찌찌**(아버지의 페니스)가 자신의 **찌찌**를 물어뜯거나
상처 입힐 것이라고 생각했다. 놀이에서 그녀는 인형에게 벌을 주곤
했으며, 다음엔 분노와 공포를 폭발시켰고, 이를 통해 자신의 두 부
분, 즉 처벌을 가하는 힘과 스스로 처벌을 받는 힘, 이 두 부분과 더
불어 함께 놀 수 있다는 것을 보여주었다.

　이러한 놀이는 또한 아이의 불안이 실제 부모에 대해서 뿐만 아
니라 특히 지나치게 엄격한 모습으로 내사된 부모상에 대한 불안
이라는 것을 보여준다. 여기에서 우리가 만나는 것은 바로 초자아라
고 부르는 것과 상응한다 (내 견해로는 아이의 초기 동일시 과정은
이미 "초자아"라고 불릴 만한 가치가 있다고 생각된다).[34]

---

34 Ibid., pp. 6-7.

에레나는 어머니로부터 가혹하게 박해받는 환상을 가지고 있었으며, 어머니의 교육적 조치들, 좌절, 즐거움, 그리고 어머니가 즐기는 모든 쾌락까지도 자신에 대한 박해와 벌로 간주하였다. 그녀는 "약탈하는 여인"이 "자신의 모든 물건을 빼앗아 가는" 무서운 환상을 가지고 있었다. 가학적인 환상이 지닌 각각의 세부적인 사항은 그녀의 초자아의 특성을 반영한다.

초기 연구에서부터 클라인은 아이에게 커다란 의식적, 무의식적 불안이 있고, 강력한 방어기제를 사용할 필요성이 있다는 인상을 받았다.

아이는 끊임없이 위협적인 내적 형상에 의해 파생된 불안으로부터 자기 자신을 보호해야 한다. 아브라함은 부모상을 분리하고 외부로 투사하며, 이상적인 부모상을 내사하는 것은 억압(기제) 이전에 사용되는 훨씬 더 강렬한 방어기제라고 가정하였다. 이는 모두가 어린이 분석에서 확인되었다. 아이는 내적 박해자와 자신의 가학성 모두를 강력하게 방출하거나 투사하며, 투사된 박해자와 자신의 가학적 부분을 없애기 위해 강력한 방법을 사용한다는 것이 확인되었다. 투사와 내사 과정은 아주 어린아이에게서 매우 활발하게 일어나며, 이들은 점차 이상적인 내적 세계를 건설하고, 가학적 대상과는 분리상태를 유지한다. 이러한 환상들은 실제 부모에 대한 지각을 착색, 왜곡시킨다.

프로이트는 성인 안에서 억압된 아이를 발견하였다. 클라인은 아동 연구에서 이미 유아기에 억압된 유아를 발견하였으며, 연구가 진전됨에 따라 아이는 이미 억압된 구강기적 **부분 대상**과의 무의식적인 관계에 의해 지배당하고 있다는 것을 보여주었다. 프로이트는 유아의 초기(대상)관계는 젖가슴이라고 가정했으며, 아브라함은 특히 우울장애에 대한 연구에서 젖가슴이나 대변과 같

은 부분 대상관계의 중요성을 발견하였다.[35] 아브라함은 아이가
후기 항문기까지 자기애적 상태에 머문다고 믿었던 프로이트의
의견을 따랐으나, 자신의 임상 연구에서 아이가 갖는 초기 부분
대상과의 관계를 밝혔다. 그는 아이가 부분 대상관계에서 부분적
인 사랑을 할 수 있다고 제안하였다. 클라인은 부분 대상관계에
좀더 비중을 두어 강조했다. 그녀는 젖가슴이 기본적으로 중요하
다고 보았다. 클라인은 유아의 내적 세계를 형성하는 첫 번째 단
계로서 좋은 젖가슴과 나쁜 젖가슴이 내사된다고 기술했다. 세월
이 가면서 그녀에게 '대상'이란 용어는 프로이트가 가졌던 개념
과는 다른 그 무엇을 의미하게 되었다. 프로이트는 대상을 본능
적인 대상으로 본 반면 ; 클라인은 그것을 좀더 유아적인 대상으
로서 본능적 충동의 대상일 뿐 아니라 의존의 대상이며, 사랑하
고 미워하는 심리적인 대상으로서 보았다. 또한 유아의 마음속에
있는 그 대상은 심리적인 특징, 즉 성격을 나타내며 ; 이것은 전체
대상뿐만 아니라 부분 대상에도 적용된다. 그 부분 대상들은 사
랑하고, 증오하며, 탐욕과 시기심에 찬 모습으로 드러난다. 이렇게
인간적인 특성을 가진 것으로서의 부분 대상에 대한 지각은 어
머니의 성격에 대한 자신의 느낌을 대상에게 투사함으로써 만들
어진다. 클라인의 후기 작업에서 부분 대상과 전체 대상 사이의
관계와 특성의 구분은 결정적인 중요성을 갖는다. 「어린이 정신
분석」과 1934년 이전에 쓰여진 대부분의 글에서, 그녀는 아직도
아브라함과 프로이트의 성본능 발달에 대한 견해를 따르고 있
다. 그녀는 아동기 초기의 빠는 단계 다음에는 (아브라함이 설명
한 것처럼) 가학적이고 식인적인 단계가 나타난다고 생각했다. 그

---

35 K. Abraham, "A Short Study of the Development of the Libido, Viewed in the
Light of Mental Disorders" (1924), in *The Selected Papers of Karl Abraham*.

리고 초기 단계에서 젖가슴은 항상 좋으며, 가학성과 양가감정은 나타나지 않고, 후기 구강기 단계에서 양가감정이 나타나며, 이것 때문에 분리하고 투사할 필요성이 생긴다고 보았던 것 같다. 어쨌거나 한편으로 클라인은 초기부터 아이는 환상 속에서 젖가슴을 내사하고, 끊임없이 좋고 나쁜 것으로 분리하여, 좋은 젖가슴은 받아들이고 나쁜 젖가슴은 내보내거나 없애버리려 한다고 말했다.

후기 구강기 동안 나타나는 젖가슴에 대한 식인적인 관계는 곧 페니스로 전이된다. 예를 들면, 잉가(Inga)는 잠재기에 있는 여자아이로 젖가슴과 페니스 모두에 대해서 구강기적 관계를 나타내는 놀이를 하곤 하였다. "놀이는 점점 더 진전되어 잉가는 나를 손님으로 대하고, 나에게 내 아이들이 먹을 것을 파는 놀이를 즐겼다. 이러한 놀이를 통해 아버지의 페니스와 어머니의 젖가슴이 그녀의 가장 깊은 구강기 욕구의 대상이며, 구강기적 좌절감이 그녀의 핵심적인 문제이고, 이것은 특히 학습에 있어서 어려움의 근원이 되고 있다는 점이 분명해졌다."[36] 페니스는 젖가슴처럼 이상적인 것과 매우 나쁜 것으로 분리될 수 있다. 에레나는 매우 나쁜 페니스에 대한 환상뿐만 아니라 "황금물건"이라는 좋은 페니스에 대한 환상도 가지고 있었다. 리타도 박해하는 "찌찌(Butzen)"뿐만 아니라 매우 갖고 싶은 "찌찌"에 대한 환상도 가지고 있었다.

가학적이고 식인적인 환상과 불안은 젖을 떼는 이유기에 더욱 악화되어 아동의 관심이 어머니의 온 몸으로 옮겨가고, 원시적인 오이디푸스 시기심과 질투가 구강기적 가학에 첨가되어 클라인이 말하는 최대 가학단계에 이르게 된다.

---

36 *Writings* Ⅱ, p. 62.

다른 모든 가학적 공격 체계는 항문기적 가학성에서와 같이 처음에는 좌절감을 주는 어머니의 젖가슴으로 향한다. 이 공격성은 곧 이어 매우 강하고 효과적인 가학적 도구가 되어 어머니의 신체 내부로 향하게 된다. 어린아이의 분석에서 파괴적인 항문기 가학적 욕구는 어머니의 신체를 삼키고 오줌을 싸서 파괴하려는 욕구와 번갈아 나타난다. 그 중에 어머니의 젖가슴을 집어삼키고 파괴하려는 기본적인 욕구는 항상 식별될 수 있다.[37]

아동의 원시적인 오이디푸스 콤플렉스를 발견함으로써 클라인은 아동의 콤플렉스 안에 있는 전적으로 새로운 세계를 밝혀냈으며, 풍부한 환상과 불안이 어머니의 신체와 관련되어 있다는 것도 밝혀냈다. 아이의 환상 속에서 어머니의 신체는 풍요로움으로 가득 차 있다. 아이는 어머니의 신체 안에 젖, 음식, 가치 있고 신비로운 대변, 아기 그리고 성교를 통해 어머니와 결합되는 아버지의 페니스 등이 있다고 상상한다. 어머니의 신체는 아이에게 그것을 탐험하고 싶은 충동과 성적 충동, 풍요로움을 소유하고 싶은 강렬한 욕구와 더불어 시기심과 증오심까지도 부추긴다. 환상 속에서 유아는 어머니의 신체가 가지고 있는 풍요로움을 훔치고, 탐욕스럽게 공격하며, 욕망보다는 증오에 더 가까운 질투심으로 가득 차 어머니의 신체를 파괴적으로 공격한다. 이러한 공격 때문에 어머니의 신체는 욕망과 질투뿐만 아니라 증오와 공포의 대상이 된다. 클라인은 이에 대하여 다음과 같이 요약하고 있다.

이 시기심이 에레나 신경증의 핵심적인 것으로 드러났다. 에레나

---

37 Ibid., p. 129.

의 분석 초기에 그녀가 "제 3의 인물"이 되어 한 남자와 한 여자가 살고 있는 집을 공격한 것은 어머니의 신체와 어머니의 뱃 속에 있다고 생각되는 아버지의 페니스에 대한 공격적인 충동의 표현이었다. 이러한 충동은 어린 소녀의 구강기적 질투에 의해 자극되었으며, 그녀의 놀이 중에 배(어머니)를 물 속에 빠뜨리고, 선장(아버지)에게서 "긴 황금빛 물건"과 물 위에 떠 있던 그의 머리를 잡아 떼어 놓는, 즉 아버지와 어머니가 성교할 때 아버지를 거세하는 상징적인 표현이 발견되었다. 이러한 공격 환상의 세부적인 사항은 어머니의 신체에 대한 공격성, 즉 아이의 가학적인 기술이 얼마나 대단한 것인지를 보여주고 있다. 예를 들면, 에레나는 대변을 신체 내부를 파괴하는 위험하고 폭발하기 쉬운 물질이라고 생각했다. 이것은 집이 불에 타서 없어지고 파괴되며 그 안에서 사람이 "폭발"하는 것으로 묘사되었다. 종이를 자르는 것은—조각 내고, 눈알 샐러드(eye-salad)를 만들어—성교 중인 부모를 완전하게 파괴시키는 것을 의미한다. 에레나가 내 코를 물어뜯어 조각 내고자 한 소망은, 동시에 내 안에 있다고 생각된 아버지의 페니스를 향한 공격이기도 하다(다른 분석에서도 역시 아이들은—그것이 환상에 의한 것이든 실체이든—내 코와 발, 머리 등 내 몸의 어떤 부분이든지 공격하였다. 이것은 단순히 내 몸의 한 부분을 공격했다기보다는 아버지의 페니스, 혹은 내 안에 있다고 생각되는 어머니와 관련된 부분을 상징적으로 공격하는 것이라고 생각할 수 있다).

에레나는 환상 속에서 다른 물건(즉 배설물, 아기 등)을 빼앗고 파괴하기 위해 어머니의 신체를 공격하였다. 그리고 물고기 아내(어머니)와 나(그녀 자신)사이에 모든 수단이 동원된 필사적인 투쟁이 여러 종류의 물고기를 둘러싸고 이루어지고 있음을 볼 수 있다. 에레나는 상상력을 더욱 풍부하게 발달시켜서, 그녀와 경찰이 함께 돈 또는 물고기를 놓고 다투는 사이에 어떻게든 내가 그 물고기를 훔

치려고 시도했다고 상상했다. 성교 중에 있는 부모를 목격하는 것
은 어머니의 몸 속에 있을 거라고 생각되는 아버지의 페니스와 다
른 모든 것을 훔치고자 하는 욕망을 불러일으킨다. 어머니의 몸 안
에 있는 것들을 훔치고, 철저히 파괴하려는 의도에 대한 에레나의
반응이 물고기 아내와 싸운 후에 여자 도둑이 그녀 내부에 있는
모든 것을 훔쳐갈 것이라는 공포로 나타났다. 이것이 바로 내가 여
자아이가 초기의 위험한 상황 속에서 경험하는 공포라고 기술했던
것이고, 나는 이것을 남자아이의 거세불안과 같은 것으로 간주한다
(학습장애와 어머니와의 가학적 동일시 사이의 관계에 대해 논의
한 "오이디푸스 콤플렉스의 초기단계"([1928, *Writings* I]를 참고하
시오).[38]

　이러한 불안은 부분 대상인 어머니의 신체나 아버지의 페니스
와 관련된 박해 공포이며 아동기에 나타나는 지배적인 불안으로
서, 클라인이 아동 발달에 있어서 극복해야 할 주요 과제로 보았
던 것이다. 이 불안을 다루는 기제는 복잡하다. 실제 부모를 좋거
나 나쁜 측면으로 분리하거나 이상화하며, 악몽의 이미지와는 대
조적인 이상적이고 좋은 부모가 불안에 대응하는 것을 돕기 위
해 내사될 것이다. 아동은 어머니의 몸을 복구하고 회복하여 불
안을 자극하는 어머니의 몸으로부터 그의 관심을 주변 세계로
옮겨가고, 외부 세계에 흥미를 갖기 시작한다.
　이 시기의 불안은 정신병적인 성질을 띤다. 클라인은 정신병의
고착점이 구강기와 초기 항문기 시기에 나타난다고 하는 아브라
함의 의견에 동의했으며, 좀 더 나아가 이러한 공포가 지속되는
주된 원인에 대한 정신분석학적인 증거를 발견했으며, 유아 신경

---

38 Ibid., p. 56.

증 자체를 정신병적인 성격을 띤 불안한 상황에 대응하기 위한 방어구조로 간주했다. 그러므로 이 점에 대한 그녀의 이론은 프로이트의 것과는 다르다. 프로이트는 유아 신경증이 오이디푸스 콤플렉스와 거세불안으로부터 생기며, 이 거세불안이 무엇보다도 전-성기기적 단계로 퇴행하는 원인이 된다고 보았다. 클라인은 기본적인 불안이 구강기나 항문기 그리고 어머니 몸과의 초기 관계와 연관된다고 보았다. 클라인은 또한 유아 신경증, 공포증, 강박증 등을 정신병적 불안에 대한 근원적인 방어체계로 보았다. 그러므로 리타의 잠자리 의식이나 에레나의 복잡한 강박증도 가학적 충동과 정신병적 편집 불안을 일으키는 내적 충동과 내적 가해자를 통제하려고 고안된 것으로 간주한다(유아 신경증은 아동들에게 일어나므로 사실 아동 신경증으로 불러야 한다. 클라인은 아동 신경증의 원인이 되는 유아의 불안에 대해 기술하고 있다).

아이가 어머니의 몸과 관련해 자신의 환상과 불안을 다루는 방법은 오이디푸스 콤플렉스의 발달에 큰 영향을 줄 것이다. 초기 오이디푸스 소망과 불안은 부분 대상으로서의 어머니 몸이나 아버지의 페니스와 관련된다.

아버지가 좀더 분리된 인물로 지각될 때(아버지를 독립적인 존재로 인식하게 될 때), 아동의 환상은 클라인이 말한 결합된 부모상을 만들어낸다. 이 환상에서 아버지는 더 이상 단순히 어머니 속에 있는 페니스로서만 지각되지 않으며, 성교를 통해 하나로 결합된 부모상으로 지각된다. 이러한 결합은 부모의 성교를 부정하기 위한 것이지만, 그 결합에 대한 증오는 부정될 수 없기 때문에 아이는 이 형상에게 부모의 성교에 대한 자신의 증오를 투사한다. 이것은 증오스럽고 무서운 형상, 즉 아이의 악몽이나 공포 속에서 나타나는 많은 머리와 다리를 가진 귀신 환상의 기초가 된다. 아이는 성교 중인 부모가 자신을 공격하기 위해 결합한 것이거나 부모가 서로를 공격하는 것으로 경험한다. 프로이트는 아이가 이 원색장면(아동의 지각이나 부모의 성교 환상)을 항상 가학적인 것으로 느낀다는 사실에 주목했으나, 왜 그렇게 느끼는지에 대해서는 설명하지 않았다. 그러나 클라인은 이에 대해 결합된 부모상은 가학성으로 채색되어 있으며, 그 까닭은 아동이 그것을 증오로 경험하기 때문이라고 보았다. 클라인은 1934년 이전의 연구에서는 투사적 동일시 개념(이후에 밝혔듯이 증오하는 것으로 지각된 것이 동시적으로 증오스런 형상으로 간주되는 현상을 설명하는 개념)을 분명하게 사용하지 않았다.

정신분석이론은 일반적으로 개인 발달이 진행되는 것과는 반대 방향으로 발달해 왔다. 즉 성인의 신경증을 연구한 프로이트는 성인 안에서 어린아이를 발견하였고, 클라인은 어린아이 안에서 유아를 발견하였다. 클라인은 연구 초기에 오이디푸스 콤플렉스가 아주 일찍 나타나며, 그 속에는 전-성기기적 요소가 많은 부분을 차지하고 있다는 사실에 충격을 받았다. 이러한 상황을 분석하는데 있어서, 클라인은 어머니의 몸이나 젖가슴에 대한 아동의 초기 관계에 관해 더 많이 이해하게 되었다. 그녀는 따라서 오이디푸스 콤플렉스가 어머니의 젖가슴에 대한 초기 관계로부터 시작된다고 생각하였다. 1932년 「어린이 정신분석」의 마지막 두 장에서 그녀는 성인과 어린이 정신분석 경험에 근거하여 양성 모두 처음에는 욕망의 대상이 어머니의 좌절된 젖가슴으로부터 아버지의 페니스로 이동한다고 설명했다.[39] 남자아이의 경우 이것이 후에 동성애 경향의 근원이 되나, 그가 원하는 페니스를 수용하여 동일시함으로써 좋은 이성애 발달의 근원이 된다. 반대

---

39 Ibid., pp. 194--278.

로 여자아이의 경우에는 아버지의 페니스에게로 구강기적으로
전환함으로써 남성의 성기를 수용하는 길을 열게 된다. 이렇듯
여자아이가 아버지의 페니스를 수용하고 동일시하는 것은 동성
애 경향을 갖게 한다. 양성 모두 어머니의 신체와 아버지의 페니
스를 공격하는 시기를 거치며, 이러한 상황에서 겪는 불안의 경
험은 장래의 성격발달에 영향을 미친다. 여자아이가 어머니의 신
체나 그 안에 있는 아버지의 페니스에 대해 지나친 불안감을 갖
는다면, 그녀는 성 역할 학습에 있어서 어머니와 동일시할 수 없
게 될 것이다. 어머니의 신체를 공격한 것에 대한 죄책감이 그녀
의 회복 욕구를 자극한다. 이것이 여자아이로 하여금 아버지의
페니스를 더욱 갈망하게 하고, 아버지를 어머니에게 쾌락과 아기
를 줄 수 있는 존재로 지각하게 한다. 페니스는 좋은 면에서 본
다면 어머니의 신체와의 관계에 있어서 회복의 기능을 가진 것
으로 보여진다. 만약 불안이 지나치지만 않다면, 여자아이는 어머
니와 동일시하고, 자신의 성적 활동과 아기를 갖고 싶어하는 소
망을 자신의 욕망을 만족시키기 위한 것일 뿐만 아니라 내적 어
머니를 회복시키기 위한 것으로 간주하게 될 것이다.

　남자아이의 경우 역시 어머니의 신체나 아버지의 페니스를 갖
고 싶어하고 선망하며, 동일시하는 기간을 통과하는데, 클라인은
이를 남자아이의 여성적 자리로 기술하고 있다. 만약 어머니의
몸이 지나치게 불안을 자극하면, 남자아이는 자신의 신체를 어머
니의 몸과 동일시하여 우울불안을 발달시킨다. 남자아이가 아버
지와 동일시하면 그의 성적 욕구는 외적 대상인 어머니에게로
향하게 된다. 남자아이의 전능환상에 의해 야기된 파괴에 대한
과잉불안은 여성의 신체에 대한 공포로 발달하게 될 것이다. 이
러한 공포는 어머니의 신체 이미지들에게까지 확장될 수 있고, 때
로는 여러 가지 장애를 가져온다. 예를 들면, 일곱 살 된 존 (John)

은 심한 지적 장애를 겪고 있었다 :

　다음날 죤은 매우 불안해 보였다. 그는 나쁜 꿈을 꾸었다고 했다. "물고기는 게였다. 죤은 가끔 어머니와 함께 갔던 바닷가 방파제에 서 있다가 물 밖으로 나와 방파제로 다가오는 굉장히 큰 게를 죽이 려고 했다. 그는 작은 총으로 게를 쏘고, 칼로 찔렀다. 그러나 게는 잘 죽지 않았다. 그 게를 죽이자마자 물 밖으로 나오는 게들이 점 점 더 많아졌고, 그는 계속해서 게들을 죽였다." 나는 죤에게 왜 그 렇게 했느냐고 물었다. 그는 게들이 세상 밖으로 가는 것을 막아야 한다고 말했다. 그렇게 하지 않으면 게들이 온 세상을 파괴할 것이 라고 했다. 우리가 이 꿈에 대한 이야기를 시작하자마자 죤은 그 전날과 똑같은 자리로 가서 그 전날보다 더 세게 책상을 발로 찼 다. 그래서 내가 죤에게 왜 책상을 발로 차느냐고 묻자, 그는 "내가 물 위에 누워 있는데 게들이 모두 저를 빙 둘러싸고 있어요" 라고 대답했다. 그 전날의 가위는 게들이 죤을 물고 자르는 것을 상징한 다. 그래서 그는 이들로부터 피하기 위해 배와 수상 비행기를 그렸 다. 내가 그에게 방파제에 서 있었지 않았냐고 말하자, 그는 "네, 그 렇지만 한참 전에 물 속으로 떨어졌어요"라고 대답했다. 게들은 대 부분 고깃덩어리를 먹으려고 했는데, 그 고깃덩어리는 바다 위에 있는 집처럼 보였다. 그는 그것을 자신이 제일 좋아하는 양고기라 고 했다. 그가 말하기를, 게들은 아직 집안에는 들어가지 않았으나 문과 창문을 통해 들어갈 것이라고 했다. 물 속의 모든 광경은 어 머니의 내부, 즉 세계이다. 고깃덩어리-집은 어머니의 몸과 그의 몸 을 상징한다. 무수히 많은 게들은 아버지의 페니스를 나타낸다. 게 들은 코끼리처럼 컸고 바깥은 검고 안은 붉었다. 게들은 검었는데 어떤 사람이 게들을 검게 만들었고, 그래서 모든 것이 물 속에서 검게 변했다. 게들은 바다 바깥에서 물 속으로 들어갔다. 물을 검게 만들었던 사람이 게들을 모두 물 속에 집어넣었다. 여기에서 게들은 아버지의 페니스일 뿐만 아니라 자신의 배설물이기도 하다는 것이 밝혀졌다. 게들 중 하나는 바닷가재만하고, 안팎이 모두 붉었다. 이것은 존 자신의 페니스를 의미한다. 존이 그의 배설물을 위험한 동물과 동일시하며, 그의 명령(아이의 마술적 힘에 의하여)에 따라 위험한 동물들이 어머니의 몸에 들어가 어머니와 아버지의 페니스를 상해하고, 독살시키는 것을 매우 구체적으로 보여주는 것이었다.[40]

존에게 있어서 전세계는 어머니의 몸이었고, 이에 대한 그의 공포는 세계로 폭넓게 확장되었으며, 그의 호기심과 학습 능력은 위축되었다. 그러므로 남자아이의 거세불안은 아버지와의 오이디푸스적 경쟁뿐만 아니라 어머니의 몸과 그녀의 몸 속에 있다고 생각되는 아버지의 위험한 페니스에 대한 초기의 불안으로부터 생겨난 것이라고 할 수 있다. 만약 불안이 지나치지만 않으면 남자아이는 아버지의 유익한 성행위와 동일시할 수 있고, 성기적 활동을 어머니의 신체를 회복시키고, 다시 채우기 위한 것으로 볼 수 있게 된다.

프로이트는 여성의 성에 대한 견해에서[41] 여자아이의 성발달은 남자아이의 발달과는 현저하게 다르다고 생각했다. 그는 여자아이가 어머니에 대해 오랫동안 전-오이디프스적 고착을 갖는다고 주장했다. 성기적 충동이 활동하게 될 때, 여자아이는 남자아이처

---

40 *Writings* I, p. 237.

41 "New Introductory Lectures on Psycho-Analysis," *SE* XXII, pp. 112-35; "An Outline of Psycho-Analysis," *SE* XXIII, p. 193; "Some Psychical Consequences of the Anatomical Distinction between the Sexes,"*SE* XIX, pp. 248-58.

럼 어머니를 성적 욕망의 첫 번째 대상으로 삼으나 남근기에 가서 자신에게 페니스가 없다는 것을 발견하고, 아버지나 남자 형제의 페니스를 부러워하게 된다. 프로이트에 따르면, 이러한 페니스 선망은 여자아이의 발달에 있어서 결정적으로 중요하며, 이것이 정신병리의 주원인이 되기도 한다. 여아는 커다란 분노를 갖고 어머니를 외면한다. 어머니에 대한 이러한 여아의 뿌리 깊은 증오는 페니스를 주지 않았다는 것에 대한 분노이다[42] (프로이트는 자신에게 페니스를 주지 않았다고 불만스러워하는 여자들이 자신들에게 어머니가 젖을 충분히 먹여 준 적이 없다고 불평하면서도 그 의미에 대해서는 잘 모르는 것을 의아하게 생각했다). 여아는 다음으로 자신의 페니스에 대한 요구를 체념하고, 페니스와 같은 의미를 지닌 아버지의 아기를 갖고싶어 한다. 여아는 또한 오랜 성적 잠재기를 갖는다. 이것은 질을 발견할 때까지 지속되며, 사춘기 때까지 나타나지 않는다. 남아의 오이디푸스 콤플렉스는 거세불안 때문에 끝나게 되는데, 반대로 여아는 거세불안이 오이디푸스 콤플렉스를 야기시킨다.

클라인은 남아나 여아 모두 어머니에 대한 전-성기기적 집착이 오랫동안 계속되는 것으로 보았으나 이것이 꼭 전-오이디푸스적이라고 간주하지는 않는다. 그녀는 아버지가 욕망의 대상과 경쟁자가 되는 것은 이미 후기 구강기에 나타나는 것으로 보았다. 그녀에 따르면 아버지의 페니스에 대한 구강기적 관계는 성기기적 관계에 앞선다. 그리고 그녀는 양성 모두가 질과 그 기능에 대한 초기 인식을 갖는다고 추정하였다. 남근기에 대한 그녀의 견해는 프로이트의 견해와는 다르다. 그녀는 자신의 임상 경험을 통해 페니스를 지닌 어머니에 대한 환상은 아버지의 페

---

42 "Female Sexuality"(1931), *SE* XXI, pp. 225-43.

니스를 갖고 있는 어머니의 몸에 대한 환상의 일부를 이룬다고
보았다. 클라인은 여아가 오랜 성적 잠재기를 갖는다고 보지 않
았다. 그녀는 여아가 어머니의 젖가슴에서 어머니의 몸이나 아버
지의 페니스에로 관심을 옮기자마자 전-성기기적 오이디푸스
갈등이 바로 활성화된다고 생각했다. 처음에 여아는 어머니의 젖
가슴을 원하고 탐내다가 다음에는 아버지의 페니스와 아버지의
아기를 갖기를 바라고 탐내며, 이것이 어머니와의 관계에서 갈등
을 가져와 여아의 환상과 불안을 지배하게 된다는 것이다.

부모가 좀 더 구분된 대상으로 인식되면 아버지는 단순히 어
머니의 부속물로서가 아니라 독립된 존재로서의 원하는 대상이
되며, 보다 성기기적인 오이디푸스 콤플렉스 형태가 점차적으로
전개된다.

클라인은 어떤 점에서 이미 1932년에 어린이 정신발달에 관
한 프로이트의 견해로부터 독립했다고 볼 수 있다. 그녀는 초자
아를 프로이트가 생각했던 것보다 훨씬 초기 구조로 보았고, 분
명하게 그렇게 말하지는 않았다 하더라도 사실상 초자아를 오
이디푸스 콤플렉스의 결과(상속자)라기보다는 그 선조로 보았
다. 초기의 좋은 젖가슴이나 나쁜 젖가슴을 내사하는 것이 초자
아의 형성과 관련되고, 이것은 오이디푸스 콤플렉스 이전에 나
타난다. 클라인은 또한 초자아가 실제 부모보다는 아이 자신의
본능적인 충동에 의해 더욱 큰 영향을 받는다고 생각했다. 프로
이트는 "문명과 그 불만"에서 클라인의 견해에 대해 아주 드물
긴 하지만 직접적으로 언급했는데, 초자아의 성질에 대한 자신
의 견해를 그는 다음과 같이 피력했다: 초자아의 엄격성은 아
이가 겪은 엄격한 훈련과는 상관없이 발달한다는 것을 경험을
통해 알았다. 초자아의 엄격성은 훈련의 엄격함과는 별개의 것
으로 보인다(이것은 클라인과 다른 학파에 속한 영국 학자들이

주장하는 바와 동일하다).[43]

초기 연구로부터 클라인은 아이의 가학적 충동을 초자아의 엄격성과 여러 가지 방법으로 연결시켰으며, 여기에서 보복의 법칙(이에는 이로 보복하는)이 나오고, 가학적 충동이 초자아에 "각인" 되는 것으로 설명하였다. 그녀는 1933년에 "아동 양심의 초기 발달 (The Early Development of Conscience in the Child)"[44]이라는 기고에서 처음으로 아이가 자신의 공격적 충동을 내적 대상에 투사하여 대상을 벌하며, 이것이 초자아가 된다는 사실을 직접적으로 언급하였다. 이러한 내적 대상에 대한 투사 개념은 연구가 계속될수록 점점 더 중요한 개념이 되었다.

오이디푸스 콤플렉스의 유래가 전-성기기적 시기로 거슬러 올라가면서, 클라인은 프로이트가 기술한 것보다 훨씬 더 복잡한 오이디푸스 콤플렉스 발달과정이 있다고 보았다. 프로이트는 고착이 여아에게서만 나타나는 것으로 보았지만, 클라인은 남아의 여성적 자리가 어머니의 몸과의 초기 관계에서 나타난다고 보았다. 그녀는 프로이트와는 달리 여성의 성을 남성성의 거세화로서가 아니라 그 자체로서 존재하는 것으로 보았다. 그녀는 양성 모두 초기에 질에 관한 지식을 갖는데, 이것은 어머니의 몸 및 그 기능에 대한 환상과 관련되어 있다고 가정했다. 여아의 근원적인 불안과 공포는 어머니가 자신의 몸을 퍼내고, 그 몸 안을 파괴할 것이라는 데서 오는 것으로 보았는데, 이 견해는 존스에 의해 발전되었으며, 그는 이것을 "내적 파괴(aphanisis)에 대한 공포"라고 불렀다.[45] 클라인은 여아의 페니스 선망과 거세불안을 어머니

---

43 *SE* XXI, p. 130.

44 *Writings* I, pp. 248-57.

45 E. Jones, "The Early Development of Female Sexuality" (1927) and "The Phallic Phase" (1932), in his *Papers on Psycho-Analysis*.

와 아버지에 대한 전체적인 관계에서 나타나는 부분적인 것으로 생각하였다. 초기에 여아는 어머니가 내재화된 페니스를 갖고 있는 것을 부러워한다. 아버지를 인식하게 되면, 아버지의 페니스가 어머니를 소유하고, 조종하고, 공격하고, 혹은 복원하는 힘을 주는 도구로 생각하고 탐내게 된다. 오이디푸스 상황에서 페니스를 탐내는 것은 오이디푸스 질투의 파생물이다. 남아의 경우에도 역시 페니스를 탐내는데, 이것은 어머니에 대한 갈망과 관련된다. 거세 불안은 성기기에 최고조에 이르지만, 남아의 여성적 단계와 관련된 초기 공포—퍼내어지고, 내부가 파괴되는 것에 대한 공포—는 남아 있게 된다. 이러한 초기의 불안이 거세불안 밑바닥에 깔려 있고, 그것을 증가시킨다.

그러나 이러한 견해의 차이는 근본적인 리비도의 변화 과정을 강조하던 것에서 공격적이고 리비도적인 충동들의 상호작용과 환상과 실제에 영향을 미치는 대상관계의 복잡성을 강조하는 것으로 그 강조점이 점차 옮겨가는 것과 관련되어 있다.

여기에서 이상한 점은 클라인이 매우 초기의 연구에서부터 아동의 공격 충동에 대해 집중적으로 연구했음에도 불구하고, 훨씬 후에야 프로이트의 생명본능과 죽음본능에 대한 개념을 사용하게 되었다는 점이다. 이 개념은 「쾌락원리를 넘어서」[46]를 발표한 해인 1920년 이후에 유용해졌다. 그녀는 1925년 「어린이 정신분석」[47] 첫 부분에서 죽음본능에 대해 어떤 언급도 하지 않았다. 이론적인 부분으로 나중에 쓴 두 번째 부분에 생명본능과 죽음본능에 대한 이론의 기초가 나오는데, 여기에서 그녀는 리비도적인 힘과 파괴적인 힘 사이의 갈등이라는 측면에서 아동 발달을 기

---

46 *SE* ⅩⅧ
47 *Writings* Ⅱ.

술했다. 그녀가 1928년에 쓴 오이디푸스 콤플렉스에 관한 첫 번째 원고에서는 죽음본능에 대한 언급이 없다. 그러나 「어린이 정신분석」 중 "오이디푸스 갈등과 초자아 형성의 초기단계(Early Stages of Oedipus Conflict and of Super-Ego Formation)"라는 장에서 죽음본능에 대한 것이 많은 부분을 차지한다. 그녀는 1933년 "아동 양심의 초기 발달"[48]이라는 원고에서 죽음본능에 대해 처음으로 분명하게 언급했고, 여기에서 불안과 죄의식에 대해서도 역시 처음으로 분명하게 구분하고 있다. 불안은 초자아의 박해공포와 관련되어 있으며, 초자아의 박해공포는 아동의 공격성이 투사되어 나타나고, 죄책감은 초자아의 엄격성이 완화되면서 일어난다. 또한 대상에 대한 죄책감이 불안보다 강해진다.

　클라인은 후기 구강기 중반에 아동의 오이디푸스 콤플렉스가 시작된다는 견해를 가지고 있었다. 이 견해는 그녀의 후기 연구에서 이론적으로 확립되었고, 현재까지 일반적으로 수정되지 않고 있다. 어머니의 몸에 대한 공격과 부모의 결합에 대한 환상이 지니고 있는 중요성에 관한 초기의 통찰은 변하지 않았으며, 여아의 발달과 남아의 여성 단계에 대한 그녀의 발견 또한 후기 연구에 의해 확고해졌다. 그녀의 몇 가지 생각은 우울적 자리의 중요성을 발견한 후에 변화를 겪었다. 1934년까지 클라인은 오이디푸스 콤플렉스가 최대 가학기에서 시작되며, 젖을 떼는 이유기의 상처에 의해 유발됨으로써 증오가 우세한 가운데 시작된다고 생각하였다. 그러나 그녀는 후에 오이디푸스 콤플렉스가 최대 가학기에 시작된다는 견해를 포기하고, 후기 구강기에 시작된다는 견해를 견지하게 되었다. 그녀는 여기에서 오이디푸스 콤플렉스를 우울

---

48 *Writings* I, pp. 248-57.

적 자리와 연결시켰으며, 그것을 사랑과 미움의 갈등 중에서 사
랑이 더욱 중요한 역할을 하게 되는 단계라고 생각하였다.

제 5장

새로운 아이디어 (1919-1934)

1919년에서 1934년에 이르는 기간은 멜라니 클라인의 심리이론 발달에 있어서 첫 단계로 볼 수 있다. 그녀의 전체적인 연구와 관련하여 이 단계가 갖는 중요성은 무엇일까? 그녀는 이 시기에 초기 전-성기기 오이디푸스 콤플렉스가 매우 복잡한 내용으로 구성되어 있음을 발견했고, 전-성기기로 거슬러 올라가서 초자아의 발생과 발달에 관해 설명했다. 그녀는 또한 분열, 투사, 내사의 중요성을 발견했으며, 아이의 내면 세계가 점진적으로 구성되는 과정을 아주 세밀하고 명확하게 서술했다. 그녀는 구강기와 그 이후의 발달에 지속적으로 영향을 미치는 구강기의 중요성과 아동 신경증 근저에 있는 정신병적 불안의 중요성 또한 이해했다.

그녀가 큰 관심을 기울였던 불안에 대한 견해는 그녀의 연구와 함께 발달해 갔다. 초기 논문에서 그녀는 프로이트의 이론을 따라 아이의 주된 불안이 항상 거세와 관련된다고 가정했다. 그러나 그녀는 점차 불안을 아이가 자신의 환상 속에서, 특히 원색 장면(primal scene)과 관련해서 자신의 공격을 받은 부모가 자신에게 박해적 공격을 가할 것이라고 생각하는데서 느끼는 두려움으로 보게 되었다; 거세불안은 이와 같이 보다 일반적인 두려움에 대한 한 가지 표현이다. 클라인은 이러한 불안을 보복에 대한 두려움과 연관시킨다. 1933년 "아동 양심의 초기 발달"[49]이라는 논문에서, 클라인은 박해불안이 아이 자신의 파괴적 충동의 투사 때문이라고 명확하게 밝히고 있다. 그 당시에는 프로이트 역시 불안에 대한 생각을 재형성하는 중이었으며, 자신의 초기 연구에서보다 공격성과 죽음본능의 작용에 더 많은 역할을 부여하고 있었다.[50]

클라인의 연구가 진전될수록, 프로이트의 이론체계가 기반하고 있던 무의식적 환상이나 상징과 같은 근본적인 개념들이 확장되고 변화되었다. 프로이트는 무의식적 환상을, 현실원리가 확립되고, 쾌락원리가 독립적 방식으로 계속 작용할 때 오는, 보다 후기의 정신적 산물이라고 생각한 것 같다. "현실원리의 도입과 함께 한 종류의 사고활동이 분열되었다; 그것은 현실검증을 받지 않으며, 쾌락원리에만 종속된 채 남아 있다. 이러한 활동이 **환상**이다.[51] 어린아이에 대한 연구에서 클라인은 무의식적인 환상이 그들의 초기 정신 안에 편재해 있으며, 모든 아이들의 인식과 대상관계에 역동적인 영향을 끼친다는 사실을 알아냈다. 환상을 근본적으로 중요한 것으로 보는 이런 견해는, 리비도 발달단계 이론에서 대상관계 발달의 이론으로 그 강조점이 변하는 상황과도 연결되었다. 클라인은 어린아이들이 대상을 식별하는 순간부터 실제 대상과 환상 대상 모두와, 특히 환상 대상과 관계를 맺으며, 더 나아가 아이가 어머니의 젖가슴이나 아버지의 페니스에 대해 갖는 초기의 부분 대상관계는 그의 내적 대상, 초자아, 그리고 환상 생활의 구조를 형성하는데 있어서 매우 중요한 역할을 한다

49 *Writings* I, pp. 248-57.

50 "Inhibitions, Symptoms and Anxiety," *SE* XX, pp. 87-174.

51 "Formulations Regarding the Two Principles of Mental Functioning," *SE*, p. 222.

는 사실을 알아냈다.

내적 대상의 개념은 그녀의 연구에서 점점 더 그 중요성을 더해갔다. 프로이트는 정신구조 안에 있는 내적 대상인 초자아를 내사된 부모상이라고 설명했고, 클라인은 이 개념을 확장시켰다. 그녀는 환상 속에서 유아가 어머니의 젖가슴, 아버지의 페니스, 그리고 부모 신체의 다른 부분들을 내사한다는 사실을 발견했다. 시간이 지나면서 결합된 부모상, 그 후에는 하나로 결합되지 않은 상태에서 성교 중인 부모와 결국에는 독립적인 사람으로서의 부모가 내사된다. 이러한 내적 대상들은 실제의 외적 대상과 똑같은 복제물이 아니며, 유아의 환상과 투사에 의해 항상 채색된다. 그것들은 좋은 젖가슴, 나쁜 젖가슴과 같은 이상적인 대상과 박해하는 대상으로 분열된 것일 수도 있고, 보다 통합된 것일 수도 있다. 또한 부분 대상 및 전체 인격으로서 내사된 부모상들이 있으며, 그것들은 때때로 환상 속에서 매우 왜곡되기도 하지만, 아이가 점차 현실과 갖는 관계가 향상될수록 현실적이 되어간다. 이 내적 대상들은 상호관계를 가지며, 아이 자신과 관계를 갖는 것으로 경험된다. 아이는 이러한 대상들과 자신을 동일시하거나, 그것들과 관계하고 있다고 느낄 수도 있다. 보다 초기의 연구에서 클라인은 '아이가 동일시하지 않는 모든 내적 대상들'을 "초자아"라고 불렀다. 후에, 클라인은 내적 대상과 갖는 관계의 복합성을 알고 나서 "초자아"를 단지 대상의 징벌적인 측면에 대한 용어로 남겨둔 채, 내적 대상과 그것이 갖는 특징 및 기능에 대해 더욱 자주 언급했다. 1934년 이전의 연구에서는 초기 내사가 후기 내사와 어떻게 관련되는지 분명하게 밝히지 않았다. 클라인이 보다 체계적으로 내적 대상의 발달과 통합을 설명하게 된 것은 우울적 자리(7장에서 설명)라는 개념을 형성하면서였다.

클라인이 외적 및 내적 대상과의 관계를 강조했기 때문에 그녀의 견해는 대상관계이론이라고 알려지게 되었다. 지금 "대상관계이론"이라는 용어는 위니캇(Winnicott), 발린트(Balint), 그리고 클라인과 달리 프로이트의 본능 이론에서 완전히 떠난 페어베언(Fairbairn)의 이론까지도 포함하는 것으로 이해되고 있기 때문에, 그녀의 이론은 일반적으로 "클라인학파"이론 또는 입장이라고 불린다.

무의식적인 환상 기능에 대한 강조는 상징의 개념에 변화를 가져왔다. 클라인에 의하면 아이들은 자신의 무의식적 환상을 놀이와 모든 활동을 통해서 상징적인 방식으로 표현한다. 초기 논문인 "아동의 리비도 발달에 있어서 학교가 갖는 역할 (The Role of the School in the Libidinal Development of the Child)" [52]에서, 클라인은 무의식적 환상이 아이의 학습활동 근저에 자리잡고 있고, 자유로운 놀이뿐 아니라 모든 학교활동이 아이의 환상 생활에 대한 상징적인 표현을 포함한다는 사실을 설명하고 있다. 그 논문에서 클라인은 많은 아이들에게 있어서 학교 건물은 어머니의 몸을 나타내는데, 그 몸 안에는 아버지를 상징하는 선생님이 있는 것으로 여겨진다고 설명했다. 모든 학교활동은 어머니의 몸을 침투하는 것으로 느껴질 수 있다. 클라인은 학습활동 자체가 상징적인 의미를 갖는다는 사실을 보여주었다. 예를 들어, 숫자나 철자들은 성적 기관을 나타낼 수 있다. 두 어린이 환자의 경우, "i"는 페니스를 "e"는 질(膣)을 나타냈으며, 다른 아이의 경우에는 "1"과 "o"가 각각 남성과 여성의 성적 기관을 나타냈다. 이 두 철자나 숫자를 한데 모으는 것은 성교를 의미하는데, 클라인은 논문의 첫 부분에서 학교활동의 장애를 주로 거세불안과 관련시키고 있다 ; 그녀는 계속해서 공격적이고, 전-성기기적인 다른 요

---

52 *Writings* I, pp. 59-76.

소들을 도입한다.

프릿츠에게는 나누기를 하는데 있어서 설명하기 힘든 심각한 장애가 있었다. 그는 어떻게 나누어야 하는지 잘 이해하고 있으면서도, 답은 항상 틀렸다. 한번은 내게 나누기를 할 때 무엇보다도 그 숫자를 붙잡아 끌어내려야 한다고 말했다. 내가 그것이 무슨 말이냐고 물으니까, 그는 그 숫자―마치 어머니가 13야드 높이의 돌 위에 앉아 있는데, 누군가 와서 그녀 팔을 붙잡아 찢어버리고 분해하는 것 같이―가 정말 기분 나쁘다고 말했다. 조금 전에 그는 톱으로 몸이 잘렸지만 곧 다시 살아나는 서커스단의 한 여자에 대한 환상을 가지고 있었다. 그는 내게 이것이 가능하냐고 물었다. 그리고 나서는 이전의 환상과 관련해서 실제로 모든 아이가 네 조각으로 나뉘어진 어머니의 신체 가운데 일부를 갖고 싶어한다고 이야기했다 ; 그는 어떻게 그 여자가 비명을 질렀고, 입 속에 종이가 잔뜩 들어있었기 때문에 소리를 지를 수 없었으며, 이때 어떤 표정을 지었는지 등에 관해 상세히 묘사했다. 그 아이는 예리한 칼을 가져다가 그녀가 어떻게 잘렸는지를 설명했다 ; 먼저 가슴을 가로질러, 배 위쪽으로, 그리고 페니스와 대변과 잘리어진 여자의 머리는 정확히 두 쪽이 되도록 위아래로 잘랐다.[53]

이런 현상들을 해석한 뒤 나누기와 관련된 그의 장애는 완전히 사라졌다. 그레타 (Greta)라는 또 한 아이는 문법을 분석하는 것을 구운 토끼―어머니의 젖가슴과 성기를 상징―를 실제로 절단하고 해부하는 것으로 생각했다.

연구 초기부터 클라인은 아이가 외부 세계에서의 자신의 활동

---

53 Ibid., pp. 69-70.

을 통해서 부모와 형제들에 관한 환상을 상징화하는 작업을 활
발하게 수행한다는 사실을 깨달았다 ; 그녀는 상징주의를 모든
승화의 기초로 보았다. 상징주의에 대한 그녀의 견해는 아이가
어머니의 신체와 갖는 관계와 자신의 환상 속에서 이루어지는
공격에 대해 불안해 하는 것을 자세하게 연구하기 시작했을 때
더욱 풍부해지고 분명해졌다. 1930년에 그녀는 "자아 발달에서
상징형성의 중요성"이라는 중요한 논문을 출판했다. 그녀는 이
글에서 다음과 같이 언급했다 :

페렌찌의 주장에 의하면 상징주의(symbolism)의 전조인 동일시
는 아이가 모든 대상에게서 자신의 기관들과 그것의 기능을 발견
하려는 노력으로부터 일어난다. 또한 존스의 견해에 의하면 두 개
의 전혀 다른 것들을 동일한 것으로 만드는 것은 쾌락원리로서, 그
것은 쾌락 또는 흥미에 의해 서로 다른 것들을 유사한 것으로 특징
짓는다고 한다. 몇 년 전에 나는 이런 개념에 근거하여 논문을 썼
는데, 거기서 상징주의(symbolism)는 모든 승화와 재능의 기반이라
는 결론을 내렸다. 왜냐하면 상징적 동일화에 의해서 사물과 활동
및 흥미들이 리비도 환상의 주제가 되기 때문이다.

여기에서 나는 당시(1923)의 언급에 덧붙여서, 내가 서술한 이
단계에서 발생하는 불안이 리비도적 관심을 불러일으키고, 동일시
라는 정신기제를 작동시킨다는 사실을 언급할 것이다. 아이는 대상
을 나타내는 기관들(페니스, 질, 젖가슴)을 파괴하려는 욕망을 가지
고 있기 때문에, 대상에 대한 두려움을 갖게 된다. 이 불안은 아이
로 하여금 문제가 되는 기관들을 다른 것과 동일시하도록 한다 ; 이
동일시 때문에 이것들은 차례로 불안의 대상이 되고, 계속해서 아
이는 새로운 대상과 상징주의(symbolism)에 대해 흥미를 갖게 하는
새로운 동일시를 추구하게 된다.

　그리하여, 상징은 모든 환상과 승화의 토대가 될 뿐만 아니라, 주체와 외부 세계 및 일반적인 현실과 관계맺게 하는 기초가 된다. 나는 심한 가학성과 그것과 동시에 일어나는 지식욕의 대상이 어머니의 몸이며, 그 안에 있는 환상적 내용물이라는 사실을 이미 지적한 바 있다.[54]

　클라인은 임상 연구와 이론 형성 모두에서 아이가 외부 세계에 흥미를 갖게 되는 것과 지식욕을 발달시키는것에 대해 커다란 관심을 기울였다. 그녀는 알고자 하는 충동을 아주 근본적인 것이라고 생각했기 때문에, 1934년까지 지식 본능이라는 용어를 사용했다. 그러나 후에 그녀는 생명본능 및 죽음본능의 관점에서 인간의 모든 행위를 바라보게 되면서 그리고 지식 충동이 이 둘 모두로부터 나온다는 사실을 알게 되면서 지식 본능이라는 용어를 포기했다. 프로이트는 세계에 대한 호기심을 성행위를 훔쳐보는 것과 같은 본능 요소의 파생물로 간주했다. 또한 그녀가 세계에 대한 관심을 아이 자신과 부모의 몸에 대한 원초적 관심으로부터 전치된 것으로 간주한다는 점에서 프로이트와 견해를 같이한다고 볼 수 있다; 그러나 클라인은 이 점을 프로이트가 생각했던 것보다 더 중요한 것으로 강조하였다. 클라인의 관점에서 본다면, 어머니의 몸을 소유하고 공격할 뿐 아니라 탐구하려는 소원은 세계를 탐구하는 지식 추구의 주된 근원이며, 상징은 이 둘 사이를 연결해 주는 고리이다. 그리고 외적 대상은 무엇보다도 아이와 부모의 몸 또는 그 부분에 대한 상징이라고 할 수 있다.

　이 논문은 정신병적인 소년 딕(Dick)의 분석에 기반하고 있다. 네 살된 딕은 상징적 활동을 전혀 하지 않는 아이였다. 그는 말

---

54 Ibid., pp. 220-21.

도 하지 않고, 놀지도 않으며, 대상과의 관계 또한 없었다. 그는 부모나 유모가 있든 없든 반응하지 않았고, 어떤 불안도 보이지 않았다. 하지만 그 아이는 문의 손잡이와 문을 밀고 닫는 것, 그리고 기차역에 대해 약간의 관심을 보였다. 이러한 관심을 이용하여 클라인은 그와 접촉하고 분석하기 시작했다. 분석이 진행됨에 따라, 딕은 불안을 억압하지 않고, 경험하기 시작했다. 차츰 유모가 상담실에 그를 혼자 남겨둘 때마다 그는 주위에 있는 사람들과 이야기를 나누기 시작했다. 딕은 놀이를 통해 환상 속에서 자신을 압도하며 불안으로 가득 채우는 어머니의 몸을 가학적으로 공격했다. 예를 들어, 그는 클라인으로 하여금 나무로 된 장난감 마차를 칼로 잘게 썰게 하고는, 곧 불안해져서 손상된 마차와 그 부스러기들에게 "꺼져버려!" 라고 소리치면서 그것들을 내던졌다. 그리고 나서 그는 빈 찬장 속으로 숨었다. 후에 그가 손상된 마차와 석탄을 나타내는 나뭇조각들을 보게 되었을 때, 그는 재빨리 그것들을 한 쪽으로 밀어 두고 다른 인형들로 덮어 버렸다.

아이의 분석이 진전됨에 따라, 그가 그것들을 밖으로 집어던지는 행위는 손상된 대상과 자신의 가학증(또는 그 수단) 모두를 축출시키려는 상징적인 행동임이 분명해졌다. 가학증은 이런 방식으로 외부 세계로 투사되었다. 딕에게 세수대야는 어머니의 몸을 상징했으며, 그는 특히 물에 젖는 것을 매우 두려워하였다. 아이는 자신의 손과 내 손을 물에 담그고 나서 불안하게 내 손과 자신의 손에서 물기를 닦아냈는데, 그 후 곧바로 그가 오줌을 눌 때 보였던 것과 똑같은 형태의 불안을 보였다. 오줌과 똥은 그에게 상처를 주는 위험한 물질을 의미했다.[55]

---

55 Ibid., p. 226.

딕이 경험한 강한 불안 때문에 어머니의 몸과 그것을 상징화할 수 있는 대상에 대한 그의 모든 관심이 단절되었으며, 따라서 그의 환상 생활과 외적 실제에 대한 관심이 단절되었던 것이다.

딕은 현실로부터 자신을 분리시켰고, 어둡고 텅빈 어머니 몸에 대한 환상 속에 숨은 채 자신의 환상 생활을 단절시켰다. 그렇게 해서 그는 어머니의 몸의 내용물 — 아버지의 페니스, 똥, 동생들 — 을 나타내는 바깥 세계의 다른 대상들로부터 자신의 주의를 철수시켰다. 그에게서 자신의 페니스 — 가학적인 신체 기관 — 와 배설물은 위험하고, 공격적인 것으로서 제거되고 거부되어야 했다.[56]

클라인이 이러한 환상들과 접촉함에 따라 아이의 무의식적인 불안이 감소되고, 보다 더 의식화되었을 때, 상징적 정신과정이 작동하기 시작했다. 분석이 진전되고 딕의 놀이가 풍부해져 감에 따라, 클라인은 과도한 죄책감과 불안이 아이의 정신과정에 장애를 가져다주는 요소라고 확신하게 되었다. 당시에 그녀는 조숙하게 도달한 성기적 성과 죄책감을 관련시켰다(이 점에서 클라인은 아브라함을 따랐다. 그에 의하면 대상에 대한 관심은 성기기에 해당되는 속성이다).

이 논문은 여러 가지 면에서 중요성을 지니고 있다. 그것은 정신병 환자의 분석을 위한 길을 열어 놓았다 — 그때까지는 정신병 환자와는 상징 언어로 의사소통할 수 없기 때문에 분석이 불가능하다고 믿었다. 그것은 또한 아동 병리학 연구에 새로운 자극을 주었다. 당시 아이의 정신병은 거의 진단되지 못했고, 제대로 인식되지도 못했다. 그러나 클라인은 아이의 정신병은 알려지

---

56 Ibid., p. 227.

는 경우보다 알려지지 않는 경우가 더 많다는 사실에 주의를 기울였고, 아이의 정신병이 치료될 수 있다는 사실을 보여주었다 (딕은 정신분열증(schizophrenic)으로 판명되었다. 몇 년 뒤에 칸너(Kanner)[57]가 그 증후군을 초기 유아기 자폐증으로 설명했다. 아마도 딕은 오늘날에도 그렇게 진단될 것이다). 클라인의 아동 정신병에 대한 관심은 그녀의 연구 범위를 자연스럽게 확장시켰다. 그녀는 이어서 정신병의 특성들이 종종 유아 신경증으로 나타난다는 사실을 발견했다. 이 논문에서 중요한 또 하나의 공헌은 불안과 관련된 것이다; 그녀는 불안이 과도하지만 않다면, 아이의 발달에 주요한 촉진제가 된다고 분명하게 언급했다.

하지만, 무엇보다도 이 논문은 창조적 측면과 병리적 측면 모두에 작용하는 상징에 대한 연구라는 점에서 풍부한 가능성을 지닌 것이었다; 그것은 상징 형성과 그 억제, 상징의 잘못된 기능에 대한 연구에 새로운 자극제가 되었다. 그녀는 상징에 대한 견해를 명확히 하면서, 자신의 견해를 어니스트 존스(Ernest Jones)의 견해와 비교하고, 대조했다. 존스는 "상징 이론"(The Theory of Symbolism)[58]이라는 자신의 논문에서 일반적인 용어로서의 "상징"—즉 깃발은 나라를 상징한다는 식의—과 진정한 무의식적 상징을 나타내는 전문적인 정신분석 용어로서의 상징을 구별했다. 정신분석 용어로서의 상징은 의식으로부터 억압된 것을 나타내고, 전체적인 상징화 과정은 무의식적으로 수행된다. "억압된 것만 상징화된다; 억압된 것만 상징화될 필요가 있다." [59] 상징은 정신내적 갈등의 결과물이며, **"모든 상징들은 자기 및 가까**

---

57 L. Kanner, "Autistic Disturbances of Affective Contact," *The Nervous Child 2* (1943), pp. 217-50.

58 E. Jones, *Papers on Psycho-Analysis*, pp. 87-144.

59 Ibid., p. 116.

운 친척들에 대한 관념, 또는 출생, 사랑, 죽음의 개념들을 나타낸다."[60] 비록 억압된 개념을 표현하는데 있어서 다양한 상징들이 사용될 수 있지만, 어떤 주어진 상징은 지속적이고 보편적인 의미를 갖는다. 존스는 더 나아가 승화와 상징화를 구별한다 : 상징은 "상징화된 개념에 투자되는 정동감이 승화를 위해 사용될 수 있도록 수정될 수 없을 때"[61] 발생한다. 클라인은 상징화의 대상은 중요한 대상들과 그것들의 기능들이고, 상징화는 억압과 관련된 심리내적 갈등으로 인해 생긴다는 프로이트와 존스의 기본적인 입장에 확실히 동의했다. 그녀는 자세한 임상자료를 통해서 심리내적 갈등이 상징형성에 어떻게 영향을 끼치는지 설명했고, 이 과정에 영향을 끼치는 불안과 죄책감에 대해 상술함으로써 정신과정을 이해하는데 기여했다. 그녀의 논문에서 특별히 흥미를 끄는 것은 발생학적인 면에서 **최초 상태**(in statu nascendi)의 상징을 보여준다는 것이다. 하지만, 그녀의 견해와 존스의 견해가 지닌 상이점은 아마도 당시 그녀가 알고 있던 것보다 더 컸던 것 같다. 존스가 상징을 불변하는 것으로 본 것에 반해 클라인은 하나의 상징에 다른 의미들이 겹쳐짐으로써 그것은 종종 많은 의미를 포함한다고 생각했다. 그녀는 또한 상징화를 승화와 양자택일의 관계에 있는 것이 아니라, 모든 승화의 기초이자 필수적인 부분이라고 보았다. 얼핏보기에 클라인이 무의식적인 상징의 개념을 승화까지 포함시키는 것으로 확장함으로써, 일반적인 용어로서의 상징과 정신분석적 용어로서의 상징을 구별했던 프로이트와 존스의 개념을 상실한 것처럼 보인다. 하지만 사실은 그와 다르다. 클라인은 지시하는 대상이 항상 억압과 심리내적 갈등의 무의식

60 Ibid., p. 102.
61 Ibid., p. 139.

적 산물이라고 생각했던 존스처럼 진정한 무의식적 상징을 이야기하면서도 이 무의식적 상징이 원시적 환상과 현실 사이를 연결해 주는 필수적인 요소임을 보여주었다.

어떤 면에서 클라인의 이론은 명료성이 약간 부족하다고도 할 수 있다. 그녀는 모든 상징이 아이 자신의 신체를 외적 대상에게 투사하는데서 발생한다는 페렌찌의 말을 인용하면서, 딕이 자신의 일부를 어머니에게 투사하고, 그것을 어머니 몸의 일부와 동일시하는 방식을 설명한다. 뿐만 아니라, 그녀는 아이가 탐구하고 상징화하는 것은 어머니의 몸이라고 말하고 있으며, 어머니의 몸에 대한 상징화가 이루어지는 초기 내사 과정에 대해서 크게 강조했다. 이 상호작용은 나중에 그녀가 투사적 동일시 그리고 편집-분열적 양태와 우울적 양태 사이의 차이에 대한 설명과 함께 명확해졌다. 이러한 이론적 발전은 상징이 병리 또는 승화를 일으키게 하는 과정을 보다 정확하게 이해하는데 도움을 주었다. (역주. 상징이 온전히 상징화될 때, 그것은 승화를 위한 기초가 되지만 그렇지 못하고 상징화 과정의 초기 단계에서 고착이 발생할 때 그것은 병리를 일으키는 요소가 된다는 의미)

리비도 발달 단계에서 불안으로 강조점이 변화한 것 ; 대상관계와 아이의 내적 세계에 대한 새로운 강조 ; 환상과 상징에 대한 새로운 견해—이 모든 요소들은 그녀의 연구의 첫 단계가 마무리 단계에 이르렀고, 보다 더 근본적인 이론 형성을 위한 준비가 완료되었음을 가리키는 것이었다. 그녀의 연구에서 새로운 단계의 시작을 보여주는 결정적인 순간은 1935년 "조울상태의 심리 발생론에 대한 기고 (A Contribution to the Psychogenesis of Manic-Depressive States)" 라는 논문이 발표된 때였다.[62]

---

62 *Writings* I, pp. 262-89.

제 6장

영국 정신분석학회

클라인에게 있어서 1926년에서 1936년까지의 기간은 매우 창조적이고 비교적 평화로운 시기였다. 이 기간 중에 그녀는 1933년 장남인 한스가 등반사고로 갑작스럽게 죽는 매우 큰 비극을 겪었다. 아들을 잃은 슬픔으로 인해 이미 세상을 떠난 형제 시도니와 엠마뉴엘에 대한 그녀의 기억이 되살아났고, 이를 계기로 그녀가 애도와 우울증에 큰 관심을 갖게 되었던 것 같다. 1940년 "애도와 조울상태와의 관계 (Mourning and Its Relation to Manic-Depressive States)"[63]라는 논문에서 그녀는 애도과정을 나타내는 자신의 꿈들을 자료로 이용했다. 이 기간 중 그녀가 겪었던 또 다른 슬픔은 딸인 멜리타와의 관계가 나빠진 것이었다. 당시 멜리타는 베를린에서 분석가 자격을 취득한 후 1932년에 남편인 의사 발터 슈미더버그와 함께 런던에 와서 살고 있었다.

하지만 이런 어려움과 슬픔에도 불구하고, 그녀가 영국 정신분석학회에서 학문활동을 하게 된 것은 다행스런 일이었다. 이 기간동안 영국학회는 그녀의 연구를 위해 이상적인 무대를 제공했고, 지원과 협력을 아끼지 않았으며 자극을 주기도 했다. 이것들

---

63 "Mourning and Its Relation to Manic-Depressive States,"*Writings* I, pp. 344-69.

은 아브라함의 죽음 이후 베를린에서는 전혀 찾아볼 수 없는 요
소들이었다. 그녀가 영국 정신분석학회에 합류했을 때 새로운 많
은 연구들이 이미 진행 중에 있었다. 특히 초기 발달단계에 대해
많은 관심들을 갖고 있었다. 존스는 연구 초기에 미신에 대한 연
구를 통해 가장 원초적인 정신작용에 대한 통찰력을 얻었다. 그
는 또한 항문기적 특징에 대한 연구에도 상당히 기여했다. 클라
인이 도착하기 전에도 비엔나학파와 런던학파 사이에는 그 경향
에 있어서 상당히 큰 차이가 있었다. 예를 들어, 존스는 남근기의
존재 여부 자체에 대해 의심을 가지고 있었고, 클라인처럼 남근
기 구조를 방어적인 것으로 보았다. 그는 거세공포가 중심적이고
특징적인 것이며, 다른 공포는 모두 여기서 시작된다는 프로이트
의 견해에 동의하지 않았다. 이와는 반대로, 그는 자신이 어떤 부
분에서는 본능적 공포라고 부르려고 했던 기본적인 불안이 존재
한다고 확신했다. 존스는 자신이 "내적 파괴에 대한 공포,
aphanisis"(역주. 나쁜 환상적 대상에 의해 신체 내부가 공격받을
것이라는 공포)라고 부른, 리비도 만족의 모든 원천을 잃어버릴
지도 모른다는 근본적인 불안이 존재하며, 거세공포는 이러한 근
본적인 공포의 성적 측면이라고 생각했다. 그는 또한 비엔나학파
의 동료들이 리비도에 비해 공격성의 중요성에 대해서는 거의
관심을 기울이지 않는다고 생각했다.

영국 정신분석학회는 어린이에 대한 연구에 지대한 관심을 가
지고 있었다. 니나 시얼(Nina Searle)은 이미 어린이 연구를 시작
했고, 실비아 페인(Sylvia Payne)은 어린이 분석을 해보지도 않았
으면서 어린이 분석에 대한 논문을 발표했다. 수잔 아이작스
(Susan Isaacs)는 교육의 분야에서, 도널드 위니캇(Donald
Winnicott)은 소아과 분야에서 어린이 분석을 실시했다. 이런 상
황이었기에 1924년 베를린에 있던 앨릭스 스트레이치(Alix

Strachey)가 영국학회에 보내온 클라인의 어린이 분석연구에 대한 보고서는 큰 관심을 불러일으키기에 충분했다. 그 결과 영국학회는 1925년에 클라인을 어린이 분석에 대해 여섯 차례의 강연을 하도록 런던으로 초청하였다.

런던에 정착하면서, 그녀는 신속하게 친구, 조력자, 제자들, 그리고 분석 대상자들을 찾아냈으며, 이들 중에는 저명한 정신분석가들도 있었다. 도널드 위니캇을 포함한 소수의 사람들이 그녀의 어린이 분석 기술을 익혔다. 조안 리비에르(Joan Riviere)와 수잔 아이작스는 매우 가까운 친구이자 협력자가 되었고, 후에는 파울라 하이만(Paula Heimann)도 합류했다.

클라인의 연구는 영국학회의 학문적 경향과도 조화를 이루었으며, 그녀의 새로운 견해는 영국학회의 학문적 발전에 매우 큰 영향을 끼쳤다. 「국제 정신분석 저널」에 실린 많은 논문들이 그녀가 끼친 영향에 대해 증언하고 있다. 에드워드 글로버(Edward Glover)는 1932년 「어린이 정신분석」[64]의 출판 이후 「국제 정신분석 저널」(*The International Journal of Psycho-Analysis*)[65]에 실린 10쪽 가량의 서평에서 이 책이 정신분석 발전에 있어서 이정표가 될 것이라고 평가했다.

그녀의 책은 의심의 여지없이 두 가지 측면에서 정신분석의 미래에 근본적이고 중요한 영향을 끼칠 것이다. 이 책은 어린이에 대한 직접적인 분석적 관찰로부터 수집된 고유한 임상적 자료들 뿐 아니라 정신분석의 이론과 실천 모두에 직접적으로 영향을 미치게 될 결론들을 담고있다.

---

64 *Writings* Ⅱ.
65 *Int. J. Psycho-Anal. 14* (1933), pp. 119-29.

글로버는 몇 가지 근거를 들어 그녀의 견해에 대해 비평했다. 그 중 하나는 그녀의 책이 연속적인 두 개의 강의 내용을 엮어서 만든 것이기 때문에 내용에 있어서 중복되는 부분이 있다는 점이었다. 「어린이 정신분석」은 아주 명쾌한 문체로 쓰여진 책이 아니었다. 글로버는 내용으로 들어가서 클라인이 공격성에 대한 관심을 불러일으켰다는 점에 대해서 칭찬하면서도, 그녀의 견해에서는 리비도의 힘이 과소평가될 소지가 있다는 경고조의 논평을 시사했다. 사실 이것은 그녀가 우울적 자리를 정립하기 전까지 그녀의 사고 안에서 하나의 경향성으로 남아 있던 것이었다. 그는 또한 클라인이 아브라함의 리비도 발달단계 이론을 그대로 따르는 실수를 범했다고 지적했는데, 특히 아브라함이 주장하는 초기 구강기의 전-양가감정 단계가 존재한다는 사실을 받아들일 임상적 근거가 없다고 보았다. 이 초기 구강기의 전-양가감정 단계라는 개념은 클라인이 편집-분열적 자리 이론을 정립하면서 포기한 것이다.

전체적으로 그녀의 이론적 발달은 영국학회의 발전과 나란히 진행되었다. 런던과 비엔나학회의 분열은 증폭되었고, 이것을 우려한 존스는 이 문제를 토론하기 위해 비엔나학회와 교환 강연을 마련했다. 첫 번째 강연에서 1935년 비엔나에서 출간된 자신의 "어린 여아의 성(Early Female Sexuality)"[66]에 대한 논문이 발표되었다. 이 논문에서 그는 어린 여아의 가장 깊은 불안은 나쁜 어머니에 의해 자신의 신체 내부가 공격받는 것에 대한 두려움이며, 이 두려움이 전적인 내적 파괴에 대한 공포(aphanisis) —이런 불안에 대한 방어인 남근적 자리— 를 갖게 한다고 설명했다. 존스는 자신의 연구를 클라인의 연구와 관련시켰고 그녀의 발견

___
66 *Papers on Psycho-Analysis*, pp. 485-95.

들을 사용했다. 두 번째 논문은 1936년 조안 리비에르의 "초기 유아기에 있어서 심리적 갈등의 발생(The Genesis of Psychical Conflict in Earliest Infancy)"[67]이었는데, 이것은 같은 해 영국학회에서 벨더(R. Walder)가 발표한 논문[68]에 대한 응답의 성격을 띤 것이었다. 리비에르의 논문은 조울상태에 관한 클라인의 논문[69]을 따른 것으로서 우울적 자리에 대한 매우 감동적인 설명을 담고 있었다.

클라인학파라는 성격을 분명하게 형성하기 시작한 것은 클라인이 영국 정신분석학회에서 조울상태의 심리적 발생에 관한 논문을 발표한 후였다. 그 전에는 비엔나 출신과 베를린학파 그리고 그녀의 발견에 대해 어느 정도 또는 전적으로 동의하는 학회 구성원들이 있을 뿐이었다. 그러나 1935년 그녀가 우울적 자리 개념을 발표한 후에 이러한 상황은 변화하기 시작했다.

67 *Int. J. Psycho -Anal. 17* (1936), pp. 395-422.

68 "The Problem of Freedom in Psycho-Analysis and the Problem of Reality Testing," ibid, pp. 89-108. He replied to J. Riviere' s paper in "The Problem of the Genesis of Psychical Conflict in Earliest Infancy,"*Int. J. Psycho - Anal. 18* (1937), pp. 406-73.

69 "A Contribution to the Psychogenesis of Manic-Depressive States," *Writings* I, pp. 262-89.

제 7장

우울적 자리
(The Depressive Position)

클라인의 논문 "조울상태의 심리발생론에 대한 기고 (A
Contribution to the Psychogenesis of Manic Depressive States)" [70]는
그녀의 정신분석학적 사고의 발달에 있어서 하나의 분수령을 이
루고 있다. 여기서 클라인은 우울적 자리라는 전적으로 새로운
개념을 소개하였다. 그녀는 아동의 심리적 기구의 성장과 발달에
있어서 생후 처음 몇 해가 매우 중요하다고 주장했으며, 이 사실
은 성인의 정신분석 과정 속에서 확인되었다. 이러한 이해는 내
적 대상의 중요성 및 생후 첫 몇 해 동안 아동이 내면화된 대상
들을 구조화하는 방식에 대한 인식과도 연결되어 있다. 그러나
그녀는 이러한 발견들을 담아낼 수 있는 이론적 체계를 갖지 못
했다. 그녀는 "조울상태의 심리발생론에 대한 기고"에서 원시적
인 대상관계를 관찰하면서, 가장 원시적인 부분 대상관계로부터
전체적이고 독립적인 외적 대상관계에 이르기까지 대상관계의
전반적인 윤곽을 기술했다. 그녀는 또한 불안을 편집불안과 우울
불안으로 구분했다. 그녀가 어린아이와의 치료작업에서 종종 보

---

70 *Writings*, I, pp. 262-89.

여주듯이, 유아가 처음으로 관계 맺는 대상은 부분 대상으로서의
어머니의 젖가슴이다. 이 부분 대상은 아이의 욕망의 대상이 되
는 이상적인 젖가슴과 증오와 공포의 대상이 되는 박해적인 젖
가슴으로 나뉜다.

　1935년에 클라인은 자신의 논문에서, 생후 첫 해의 4분기 중
두 번째 분기 동안에 아이의 통합적 인식 능력이 자라면서 아이
는 어머니를 하나의 전체적인 존재로 인식하기 시작한다고 기술
했다. 그리고 이러한 변화를 우울적 자리의 시작으로 보았다. 그녀
는 자신이 '국면(phase)'이나 '단계(stage)'보다 '자리(position)'라
는 용어를 사용하는 이유를, 이 변화가 이전과는 다른 관점에서
대상과 관계를 맺기 시작한다는 사실을 의미하기 때문이라고 설
명했다. 어머니를 하나의 전체적인 대상으로 보게 될 때, 비로소
아이는 어머니를 전체적인 인격체로 사랑할 수 있게 되며, 전과
다른 방식으로 어머니를 인식하게 된다. 아이가 박해적 공포에서
벗어날 수 있는 것은 전체적이며 사랑 받는 어머니가 존재하기
때문이다; 아이는 내사된 어머니가 내부와 외부의 박해로부터 자
신을 지켜줄 것을 기대한다. 그러면서도 동시에 전체적이고 사랑
받는 어머니가 위험에 지속적으로 노출되어 있다고 느낀다. 만약
어머니가 자신을 박해로부터 보호해주고 있다고 느낀다면, 아이는
동시에 어머니 역시 그러한 공격을 받고 있다고 생각한다. 이때에
어머니는 이전의 부분적인 대상들과 대조를 이룰 뿐만 아니라, 박
해적 대상과 이상적 대상으로 분리되지 않는 전체 대상으로 느껴
지게 된다. 즉 어머니는 아이의 만족감의 근원일 뿐만 아니라 좌
절과 고통의 원천으로도 느껴지는 것이다.

　따라서 어머니에 대한 아이의 사랑은 양면성을 지니며, 증오
의 감정으로 쉽게 변할 수 있기 때문에, 필요한 대상일 뿐만 아
니라 사랑의 대상인 어머니는 환상 속의 박해자들과 유아 자신

의 증오와 가학에 의해서 언제나 파괴될 수 있는 존재인 것이
다. 이런 어머니가 계속 내사된다면, 파괴는 하나의 내적 실체가
되며, 유아의 내적 세계는 황폐하고 혼돈스럽게 된다. 반대로, 아
이가 사랑 받는 어머니와 자신을 동일시한다면, 아이는 그녀의
상실에 대해 고통스런 감정을 느끼게 되며, 새로운 감정의 양상
을 나타낸다. "이런 과정을 통해 자아는 새로운 자리에 도달하게
된다. 이 새로운 자리에서 사랑하는 대상을 상실하는 상황이 발
생한다. 대상이 부분이 아닌 **전체로서** 사랑 받을 수 있을 때, 비로
소 그 대상에 대한 상실감 또한 하나의 전체로서 느껴질 수 있
다."[71]

상실감, 슬픔 그리고 애타는 그리움의 감정에 죄책감이 또한
추가된다. 즉 아이는 자신의 충동과 환상들로 인해 위협받고 있
는 내적 대상을 정신 실재로서 경험한다. 우울적 자리는 초기 단
계의 환상 속에 존재하는 박해자들의 작용으로 인해 발생하는
편집적 불안과 죄책감, 상실감 및 그리움 등의 우울한 감정들이
혼합된 복합체이다. 이 단계에서 자아는 자신의 내면에 존재하는
좋은 대상이 확고하게 자리잡지 못했다고 느낀다. 어린이와 어른
들은 우울적 자리로 퇴행함으로서 우울증을 앓으며, 그 우울적
자리는 죽어 가는 또는 죽은 대상들을 내포하고 있다. 이것이 그
들이 겪는 고통과 불안의 핵이다.

이 우울적 자리에서 자아는 박해불안과 우울불안 사이를 끊임
없이 오고 간다. 자아는 대상에 대한 증오가 강할 때 박해불안을
느끼고, 대상에 대한 사랑이 우세할 때 우울불안을 느낀다. 이와
관련해서 클라인은 종종 아이들이 잘 먹지 않는 것과, 아이와 성
인 모두에게서 흔히 나타나는 건강염려증적 불안과 같은 증세에

---

71 Ibid., p. 264.

대해 설명하였다. 아이들에게서 나타나는 증세 가운데 잘 먹지 않는 것은 음식에 나쁜 것이 섞여 있을지 모른다는 편집적 두려움과 관련되어 있거나, 그 음식을 먹어 치우는 행위가 혹시 자신의 좋은 대상을 해치는 결과가 될지도 모른다는 우울적 두려움과 관련되어 있다고 보았다. 그녀는 건강염려증 환자를 분석하면서 얻은 임상자료를 제시함으로써, 그 환자가 증상에 대해 느끼는 감정의 변화과정을 보여주었다. 처음에 그 두려움은 자신에 대한, 즉 자신이 독살당하거나 파멸될지도 모른다는 두려움이었다. 그러나 분석과정에서 자신의 우울적 자리에 도달하면서 그의 건강염려증적 두려움은 질적으로 변화되었다. 그는 자신의 신체 기관들이 불쌍하고 위험에 처해 있으며, 그것들을 돌보아 주어야 한다고 말했다. 그에게 있어서 이러한 신체 기관들이 돌봐줘야 할 상처 입은 대상들을 나타내고 있음이 분명해졌다.

그녀는 편집증의 고착점을 우울적 자리보다 앞에 두었고, 우울증의 고착점을 초기 우울적 자리에 두었다. 그녀에 의하면, 우울증 환자는 우울적 자리의 문턱에 있으면서 좋은 내적 대상을 안정적으로 확립시키지 못한 상태에 처해 있다는 것이다. 그녀는 우울증 환자는 가혹한 초자아를 가지고 있으며, 이 초자아의 가혹성은 환자 안에서 여전히 활동하고 있는 편집적 공포가 만들어내는 박해감과 더불어 죽어 가는 대상 혹은 죽은 대상들이 자신들을 본래의 이상적인 상태로 회복시키라고 요구하고 질책하는데서 비롯된다고 설명하였다. 우울적 자리의 발달에 있어서 유아의 중심적 과제는 충분히 좋고 안정적이며, 전체적인 내적 대상을 자아의 핵심에 확립하는 일이다. 만약 이것이 실패하면 아이는 편집증이나 조울증과 같은 정신질환에 걸리게 된다. 그러므로 우울적 자리는 정신병의 고착점과 신경증의 고착점 사이에 존재한다.

우울적 자리의 발달 과정에서 새로운 방어기제들이 발달한다. 이러한 새로운 방어기제들이 발달되기 이전에 사용되는 내적 박해자들에 대한 주된 방어기제들에는 좋은 대상과 나쁜 대상으로 나누는 분열, 이상화, 거칠게 밖으로 내보내는 축출, 그리고 박해자들과 증오스런 자기의 부분들을 멸절시키는 것 등이 있다. 우울적 자리는 조적(躁的) 성격을 지닌 또 다른 방어기제를 형성한다. 이러한 조적 방어기제들은 우울적 고통과 같은 심리적 실재를 경험하지 않기 위한 것이며, 그것의 주요 특징은 심리적 현실을 부정하는 것이다. 이 조적 방어기제는 대상에 대한 의존성과 양가감정을 부인하게 하며, 상실된 대상이 고통이나 죄책감을 일으키지 못하도록 전능적으로 조종하고 그 대상을 경멸적인 태도로 대하며, 승리감을 갖게 한다. 반면에, 또는 동시에, 파괴와 상실에 대한 감정을 모두 부정함으로서 이상화된 내적 대상 안으로 도피할 수도 있다. 이러한 방어기제들은 정상적인 성장의 한 부분이지만, 만약 과다하거나 오래 지속된다면, 온전하고 좋은 대상관계의 성장과 우울적 자리를 극복해 가는 과정을 저해할 것이다.

클라인은 「어린이 정신분석」에서 여러 종류의 보상과 회복기제들에 관해 서술하고 있지만, 보상 충동이 심리발달에 있어서 근본적인 역할을 한다는 사실을 알게 된 것은 우울적 자리에 대한 개념을 확립하면서였다. 좋은 대상에 대한 죄책감을 수반하는 우울적 고통은 회복의 소원들과 좋은 내적 대상을 회복시키는 환상들을 외적 및 내적으로 활성화시킨다. 좋은 내적 대상의 확립은 이러한 소원들에 달려 있다. 그녀는 이러한 우울적 자리에 관한 연구를 확장하여 "애도와 조울상태와의 관계 (Mourning and Its Relation to Manic-Depressive States, 1940)"[72] 라는 논문을 썼다.

---

72 Ibid., pp. 344-69.

그녀는 거기에서 아이들이 어떻게 내적 세계를 형성해가며, 그들의 증오심과 가학성이 활성화될 때 좋은 대상들이 어떻게 외부적 및 내부적으로, 파괴된 것으로 느껴지는지, 그리고 자신의 사랑으로 그것들을 재건하기 위해 어떤 시도를 하는지에 관해 서술했다. 이 과정에서 아이의 기대에 어긋나지 않게 다시 나타나는 어머니와 그녀의 돌봄은 필수적이다. 다시 나타나는 어머니는 아이에게 대상들이 지니고 있는 능력과 탄력성을 확신시켜 주며, 더 중요하게는 아이의 적대감이 갖는 전능성을 줄여 주고, 아이 자신의 사랑과 회복의 능력에 대한 믿음을 증가시킨다. 어머니가 자주 보이지 않거나 어머니의 사랑이 부족할 때 아이는 우울적 박해불안의 지배를 받게 된다.

정상적이거나 비정상적인 성인의 애도과정에 관한 연구에서, 그녀는 하나의 결론을 얻게 되었다. 그것은 성인의 삶에서 사랑하는 대상—깊은 차원에서는 항상 부모 또는 형제를 나타내는—이 사라지는 것은 애도하는 사람 안에 있는 우울적 자리의 갈등을 일깨운다는 것이다. 그를 지원해주던 좋은 외부 대상을 잃어버린 상실감과 자신을 남겨 두고 간 대상을 향한 미움이 커지기 때문에, 애도하는 사람은 실제의 외적 대상을 잃은 데 대한 고통뿐 아니라, 우울적 자리에서 유아가 느꼈던 것 처럼, 좋은 내적 대상을 잃어버리는 위험에 처해 있다고 느낀다. 그때 그는 초기 편집적 공포와 우울적 공포에 노출된다. 주의깊게 관찰해 본다면, 우리는 이러한 종류의 애도 반응들을 쉽게 발견할 수 있다. 즉 사랑하는 사람의 죽음에 직면했을 때 편집적으로 의사나 간호사들을 비난하거나, 또는 우울증적인 자기질책이나 자기비하에 빠지는 사람들이 있다. 이 애도과정에서 조적 방어기제들도 활성화된다. 상실의 고통에 대한 방어로서 무의식적 경멸과 승리감이 활성화될 수 있다. 이것은 다시금 죄책감을 증가시키고, 자신의

마음속에 상실된 사람을 좋은 내적 대상으로 회복시키는 것을
더욱 어렵게 만들며, 결국 고통과 애도의 기간이 길어지는 결과
를 가져온다.

　프로이트의 관점에서 볼 때, 애도작업은 사랑하는 사람이 외부
세계에 존재하지 않는다는 사실을 거듭 재발견하는 현실검증을
포함한다. 그리고 그는 이 과정이 왜 그렇게 고통스러운지 이해
하기 어렵다고 말한다. 클라인은 이 문제를 더 끌고 나간다. 그녀
는 이러한 현실검증이 외적 세계에서의 대상의 부재를 재발견하
는 것과 관련이 있을 뿐만 아니라 그의 내면 세계 및 사랑하는
사람과 동일시되었던 최초의 내적 대상들의 상태와 관련되어 있
다고 본다. 이 애도작업은 내적 대상의 회복이 이루어질 때까지
편집적 감정들로 퇴행하는 것과 상실에 대한 조적 방어들을 극
복하는 것을 포함한다. 만약 사별한 사람이 그의 발달과정에서
우울적 자리의 불안을 극복하지 못한다면, 그는 애도작업을 수행
할 수 없을 것이며, 그 결과로 비정상적인 애도와 정신질환이 야
기될 것이다. 그러나 만약 그가 우울적 자리의 불안을 극복한다
면, 애도 경험은 오히려 그의 삶을 더욱 풍요롭게 만들 것이다.

　결론은 이것이다. 비정상적인 애도와 조울상태에서 뿐만 아니라
정상적인 애도에서도 유아기의 우울적 자리가 재활성화된다. 이 자
리 안에 포함된 복합적인 감정, 환상, 불안들이 지닌 성질은 발달
초기에 아동이 일시적인 조울상태와 애도상태를 거친다는 나의 주
장을 뒷받침해 준다. 이 조울상태와 애도상태는 유아 신경증에 의
해 완화되는데, 이처럼 유아 신경증을 거치면서, 유아의 우울적 자
리는 극복된다.

　정상적인 애도와 비정상적인 애도, 혹은 조울상태 사이의 근본적
인 차이점은 이렇다 : 조울증 환자들과 애도과정에 실패한 사람들

은, 비록 각자의 방어들은 크게 다를지라도, 그들이 초기 아동기에 좋은 내적 대상들을 확립하지 못했고, 그럼으로써 자신의 내적 세계를 안전한 것으로 느낄 수 없었다는 점에서 공통점을 갖는다. 그들은 유아기에 우울적 자리를 극복하지 못했던 것이다. 그러나 정상적인 애도에 있어서는, 사랑하는 대상의 상실로 인해 재생된 초기 우울적 자리가 어린시절에 자아가 사용했던 것과 비슷한 방법을 통하여 다시금 수정되고 극복된다. 그 개인은 실제로 상실한 사랑하는 대상을 내적 세계 안에 다시 회복시킨다. 그것은 동시에 내면에 최초의 사랑하는 대상, 즉 궁극적으로 좋은 부모를 다시 확립하는 것이다. 이 최초의 사랑하는 대상은 실제의 상실이 발생할 때와 마찬가지로 위험에 처해 있다고 느껴진다. 애도는 자신 안에 최근에 상실한 그 사람과 함께 좋은 부모를 다시 회복시키는 것이며, 해체되고 위험에 처한 자신의 내면세계를 재건설함으로써 비탄을 극복하고, 안전감을 되찾으며, 진정한 조화로움과 평화를 성취하는 것이다.[73]

1940년에 쓴 논문에서 클라인은 우울적 자리가 지닌 창조적인 측면을 강조했다. 우울불안이 절정에 도달한 상태에서 유아가 어떻게 자신의 사랑과 좋은 내적 상태를 재창조하는 능력과 기술을 활성화시키며, 점차로 전능감을 포기하면서 외적 대상들을 복구하려고 노력하는가에 대해서 서술했다. 그녀는 우울적 자리를 극복하는 과정을 통해서 자아가 좋은 내적 대상들로 풍성해지며, 이 풍성한 자아가 승화와 창조적 노력을 위한 주요 원천이 된다고 보았다. 성인이 성공적으로 애도과정을 극복했을때에도 이와 마찬가지로 자아가 풍성해질 수 있다.

73 Ibid., p. 369.

애도는 우울적 자리의 고통과 불안을 다시 일깨우며 또한 초
기의 오이디푸스 콤플렉스 갈등도 되살아나게 한다. 클라인이
"애도와 조울상태와의 관계"라는 논문에서 예로 들었던 환자 D
는 어머니가 죽기 전날 밤에 다음과 같은 꿈을 꾸었다.

> 그는 농장 뜰에 누워 있는 황소를 보았다. 그 황소는 완전히 죽지는 않았
> 고, 매우 불가사의하고, 위험해 보였다. 그는 황소 한 편에 서 있었고, 어머니
> 는 다른 편에 서 있었다. 그는 집안으로 도망치면서 어머니를 위험한 곳에 내
> 버려두었다고 느꼈고, 그렇게 해서는 안된다고 생각했다. 하지만, 어머니도
> 도망칠 것이라는 다소 막연한 희망을 가졌다.[74]

이 꿈에 대한 연상이 의미하는 것은 황소의 모습으로 나타난
아버지와의 폭력적이고 나쁜 성교로 인해 환자의 어머니가 죽었
다는 것이다. 이때 아버지도 역시 위험에 처해 있었음을 알 수
있다. 그것은 꿈 속의 황소가 거의 죽어가는 상태였다는 사실에
서 드러난다. 황소에게 위협 당하고 있는 남자의 연상 가운데 드
러나듯이, 환자는 자신 또한 위험에 처해 있다고 느끼고 있었다.
이것은 부모가 성교하는 장면을 내면화한 데서 기인한 것으로서
그는 부모의 성교가 서로를 파괴시키는 위험한 것이라고 여겼던
것이다. 어머니의 죽음 이후에, 그 환자는 통제가 불가능한 상태
로 달리는 버스가 되어 "곧 불타오르게 될" 헛간으로 돌진했다.[75]
그의 연상에서 보여주듯이, 그 버스는 결국 그 자신을 나타내고
있었다.

그의 내적 세계에서 죽어가거나 죽은 어머니는 자신의 격렬한

74 Ibid., p. 364.
75 Ibid., p. 366.

성적 충동 혹은 자신의 폭력성을 투사한 대상인 아버지에 의해 파괴된다(우리는 제10장에서 이 자료를 상세히 다룰 것이다).

"초기의 불안의 관점에서 본 오이디푸스 콤플렉스(The Oedipus Complex in the Light of Early Anxieties)"[76]라는 논문에서, 클라인은 우울적 자리와 오이디푸스 콤플렉스 사이의 상호 관계에 대해 서술했다. 그녀는 어머니의 젖가슴과의 관계가 구체적으로 오이디푸스 콤플렉스에 영향을 미친다는 초기의 견해를 견지했고, 어린 남자아이와 여자아이 모두 또 다른 대상으로서 아빠의 페니스에 관심을 갖는다는 견해를 유지했다. 그녀는 또한 환자 D의 예에서 볼 수 있듯이, 아이가 환상 안에서 어머니의 몸과 부모에 대해 공격하는 것이 중요한 의미를 갖는다는 견해를 수정하지 않았다. 그녀는 원래 증오가 우세해지는 상태에서 오이디푸스 콤플렉스가 시작된다고 보았지만, 우울적 자리에 대한 이론을 명료화하면서 자신의 견해를 바꾸게 되었다. 그녀는 이제 오이디푸스 콤플렉스의 시작을 우울적 자리의 일부분으로 보게 되었다. 어머니가 하나의 전체대상으로서 아이에게 인식될 때, 어머니와 아버지의 관계가 그의 환상 안에 등장하며, 따라서 오이디푸스 콤플렉스는 우울적 자리의 틀 안에서 시작된다고 말할 수 있다. 어머니의 젖가슴에 대한 모든 관계는 환상 안에 있는 부모의 부부관계에 영향을 미치며, 역으로 오이디푸스적 질투는 젖가슴에 대한 원래의 양가감정에 덧붙여져서 좋은 내적 대상으로서의 젖가슴과의 관계를 더욱 위험한 것으로 만들 수 있다. 우울적 자리에서 부모는 개별적으로 그리고 부부로서 아이의 좋은 전체 대상이며, 또한 아이의 환상 안에서 공격 받는 대상이 되는데, 특히 그들이 성교를 통해 결합되어 있을 때 더욱 그러하다.

---

76 Ibid., pp. 370-419.

초기 논문에서 클라인은 그러한 공격들이 야기시키는 두려움
에 대하여 묘사했다. 그러나 우울적 자리의 중요성을 발견하면서
그녀는 사랑과 죄책감 및 상실의 감정에 더욱 큰 비중을 두게 되
었다. 프로이트가 오이디푸스 소원은 거세의 위협을 통해 포기된
다고 본 반면, 클라인은 아이들로 하여금 오이디푸스 소원을 포
기하도록 만드는 것은 불안(거세 또는 사라짐, 심지어 죽음에 대
한 두려움)뿐만 아니라 부모에 대한 사랑과 그들을 해치지 않으
려는 바램이 있기 때문이라고 말했다. 우울불안에 따른 보상욕구
는 아이들로 하여금 부모를 회복시키며, 그들의 성교를 파괴적인
행위로 만들고 싶어했던 소원을 극복하고 그들의 성적 행동을
사랑과 상호 창조적인 행동으로 회복시키게 한다. 이 아이의 성
적 소원은 회복 환상들을 실어 나르는 매개체가 된다. 오이디푸
스적 상황에서 소년은 어머니를 회복시키고, 성교를 통해 그녀에
게 아이를 주는 성적 능력이 있는 아빠와 자신을 동일시하고자
한다. 예를 들면, 열 살된 소년 리챠드의 자료를 통해, 그가 어떻게
그러한 시도와 실패를 반복하는지를 알 수 있는데, 그의 환상 속
에서 아버지의 페니스는 종종 파괴적인 것으로, 그리고 아기들은
끔찍한 괴물들로 나타난다. 그는 치료가 끝날 무렵에야 비로소
자신을 도와주고 회복시켜주는 아버지와 동일시하게 되었다.[77] 클
라인은 또한 어린 소녀가 만족스런 성교를 소망하는 것은 자신의
만족뿐만 아니라 내적 어머니의 회복을 추구하는 것이라고 보았
다.

　우울적 자리에 관한 클라인의 연구는 이 영역에 대한 프로이
트와 아브라함의 연구를 계승 발전시킨 것이며, 동시에 아이들과
성인에 대한 그녀의 연구의 결정체이기도하다. 프로이트는 그의

---

77 Idem, and "Narrative of a Child Analysis," *Writings* IV.

논문, "애도와 우울증(Mourning and Melancholia, 1917)"[78]에서 우울증 환자의 자기질책이 자아와 양가적으로 내사된 내적 대상 사이의 상호 질책임을 발견했다(그는 우울증의 연구를 통해서 처음으로 초자아의 개념을 형성하게 되었다). 그는 우울증과 정상적인 애도를 구분하였다. 우울증은 내적 대상과의 관계를 뜻하는 반면, 애도는 외적 대상의 상실을 뜻한다. 그는 애도를 외부 세계 안에 사랑하는 대상이 더 이상 존재하지 않는다는 사실을 반복하여 발견하는 과정으로 보았다. 애도에서, 리비도는 점차 상실된 대상으로부터 떨어져 나와 새로운 대상에게 투자될 수 있도록 자유로워진다. 자아의 상태는 이런 과정에 의해 영향을 받지 않는다. 이와 대조적으로, 우울증에서 대상은 내사되며, 리비도는 내면으로 향한다. 그러나 자아와 이 내적 대상과의 관계는 매우 양가적이며, 상호 고문과 질책의 관계가 자아 안에 형성된다. 그 결과 자기비하, 건강염려증적 상태, 자기질책을 초래한다. 비록 프로이트가 우울증의 현상 안에 식인적인 양태의 경험으로 돌아가고자 하는 퇴행이 있고, 그 내사는 구강기 단계에 뿌리를 둔다고 구체적으로 말했음에도 불구하고, 그는 우울증을 유아기 고착점으로의 퇴행과 실제로 관련시키지는 않았다.

아브라함은 조울증 상태에 대해 많은 연구를 했으며, 풍부한 임상자료들을 제공했다. 그는 프로이트와는 달리, 우울증의 근원을 유아기에서 찾고 그 고착점을 유년 시절에서 찾는다. 그의 논문 "정신장애의 관점에서 본 리비도 발달에 관한 소고(A Short Study of the Development of the Libido, Viewed in the Light of Mental Disorders, 1924)"[79]에서, 그는 프로이트의 리비도 발달단계들을 세

---

78 *SE* XIV, pp. 237-60.
79 *Selected Papers of Karl Abraham*, pp. 418-501.

분화했다. 그는 우울증의 고착점을 후기 구강기와 초기 항문기 단계에 두었고, 이 단계에서 대상은 환상 속에서 삼켜지고, 배설물로 변화되며, 바깥으로 축출된다고 말했다. 이러한 활동에서 대상은 비록 전체로서의 어머니에게까지 확장되지만, 본래 부분 대상인 젖가슴이다. 이 점에서 아브라함의 관점은 프로이트의 관점과 다른데, 그는 우울한 상태가 되는 일차적인 원인이 어머니와의 관계에 있다고 보았다. 프로이트는 원시적인 식인적 흡입의 환상에 기초한 내사에 대해 말하고 있지만, 그가 서술하는 내사는 오이디푸스적 맥락 안에 있는 것들이다. 구강기 환상들의 중요성과 항문기 배출과 내적 대상의 상실 사이의 관계성을 최초로 인식한 사람은 아브라함이었다. 프로이트와는 달리, 그는 정상적인 애도가 우울증과 유사한 요소들을 가지고 있다고 생각했다. 아브라함에 의하면, 애도에서도 대상은 내사된다. 다만 차이점은 애도에서는 우울증에서보다 상실한 대상과의 관계에서 증오심보다는 사랑을 더 많이 담고 있다는 것이다. 그는 우울증 환자와 애도하는 사람 모두가 그리로 퇴행하는 일차적인 우울증이 존재한다고 가정했다. 프로이트와 아브라함은 조적 상태를 방어로 보는 입장에서 우울증과 관련시켰다. 프로이트는 삼켜진 대상에 대한 승리감을 조적 상태의 중요한 방어기제로 보았고, 아브라함은 이상화를 조적 상태의 중요한 방어기제로 보았다. 우울증에서는 "대상의 그림자"가 자아에게 드리우지만[80] 조적 상태에서는 "대상의 밝은 광채"[81]가 자아에게 비추인다.

아브라함은 더 나아가 우울증과 강박신경증 사이의 관계를 설명했다. 우울증의 고착점은 후기 구강기와 초기 항문기인데, 이 단

---

80 "Mourning and Melancholia," *SE* XIV, p. 249.
81 Ibid., p. 442.

계에서 대상은 삼켜지고 파괴되며, 결국 바깥으로 축출된다. 후기 항문기에서는 대상에 대한 관심의 능력이 발달하며, 이때 대상을 보유하는 것은 대상의 파괴와 상실에 대한 방어로 작용한다. 강박증 환자는 대상 상실의 위협과 관련된 본래적인 양가감정으로 고통받으며, 그러한 상실에 대한 방어를 활성화시킴으로서 결과적으로 우울증 환자가 된다. 아브라함은 대상관계가 항문기 단계에서 시작된다고 추정했다. 프로이트와 아브라함 모두 우울증에 자기애적 측면이 있다고 명백히 밝혔는데, 이 자기애는, 적어도 부분적으로, 내면화된 대상과의 관계에서 형성된 이차적 자기애이다. 아브라함의 연구에서 우리는 강조점이 변화되기 시작하는 것을 볼 수 있다. 대상과의 관계는 그것이 부분 대상과의 관계일지라도 커다란 중요성을 갖는다. 비록 그가 유아는 자기애적 존재라는 프로이트의 견해에 동의했으며, 대상관계가 후기 항문기 이후에 시작된다고 말했지만, 사실상 그는 생의 초기부터 존재하는 부분 대상관계에 대해 서술했다. 그는 부분 대상을 향한 부분적 사랑이 있다고 말했다. 우리는 또한 그가 초기 및 후기 항문기적 활동에 몰두하는 현상이 주된 성감대로서 항문의 출현 때문만이 아니라, 대상관계로부터 발생하는 불안 — 대상을 축출하고자 하는 소망과 그것을 보유하고자 하는 소망 — 때문이기도 한 것으로 보았다고 가정할 수 있다. 이런 불안들은 항문 기능에 더욱 관심을 갖게 하고, 그것에 리비도를 집중하게 한다.

　1923년까지 아브라함과 클라인은 서로의 사고에 상호 영향을 주고받았음이 분명하다. 아브라함은 프로이트에게 쓴 편지에서 다음과 같이 말했다:

　"나는 유아기에 초기 우울증이 존재하며, 이것이 나중에 우울증의 원형이 된다고 생각합니다. 지난 몇 달 동안 클라인은 세 살 난

아기의 정신분석을 수행하여 좋은 결과를 얻었습니다. 그 어린아이
는 구강기 성애와 밀접히 연결되어 있는 것으로 보이는, 기본적인
우울증의 증후를 나타냈습니다. 이 사례는 유아기의 본능적 삶에
대한 놀라운 통찰을 제공하고 있습니다."[82]

  클라인의 우울적 자리에 관한 개념은 아브라함이 말하는 "일
차적 우울증"이라는 개념을 확장시킨 것이지만, 그녀는 그것을
더욱 발전시켰다. 그녀는 구강기와 항문기를 주로 자기애적 시기
라고 간주했던 아브라함보다 훨씬 초기에 대상과의 관계가 시작
된다고 보았다. 그녀는 부분 대상과 전체 대상의 관계를 구별하
는 아브라함의 견해를 따르면서도, 그것들에게 전적으로 새로운
중요성을 부가하고 있다. 그녀는 전체 대상이 되는 것을 양가감
정의 경험과 우울불안이 등장하는 것에 연관시킨다. 그러나 아마
도 가장 중요한 것은, 아브라함보다 우울적 자리가 보편적이라는
사실을 매우 중요하게 강조함으로써, 그 현상을 정신병리와의 관
련에서만이 아니라 정상적 발달과정과의 관련에서 연구하게 되
었다는 점일 것이다.
  우울적 자리의 개념은 그 중요성을 아무리 강조해도 지나치지
않다. 그 논문 이전에 그녀는 어린이 발달에 있어서 불안과 관련
된 다양한 상황들, 환상들, 그리고 방어기제들에 관한 연구에 집
중하였다. 우리는 "어린이 정신분석"을 읽으면서 그녀가 우울적
자리와 방어기제들에 대해 너무 복잡하게 서술하고 있다고 느낄
정도로 거기에는 명확한 초점이 없었다. 그러나 우울적 자리의
개념은 그녀가 이전에 서술했던 내용에 초점을 주었다. 아이가

---

  82 *A Psycho-Analytic Dialogue : The Letters of Sigmund Freud and Karl
Abraham* , 1906-27, p. 339. Letter from Abraham to Freud of 7 October 1923.

발달과정에서 성취해야 할 과제는 자아의 핵심에 좋은 젖가슴, 어머니, 아버지, 그리고 부모의 부부관계를 안정적으로 확립하는 것이다. 이러한 내사들을 확립하는 일은 우울적 자리의 극복에 따르는 큰 고통을 수반한다. 우울적 자리에 내포된 고통과 내적인 위험상황은 방어들을 형성하도록 하며, 그녀의 사례연구에서 상세히 서술되었듯이, 그 방어들은 우울적 자리에 대한 방어로서, 우울적 자리가 발달하지 못하도록 방해한다. 우울적 자리의 개념은 그녀로 하여금 정신병적 병리와 신경증적 병리 사이를 보다 명료하게 구분할 수 있게 했으며, 또 그 고착점들을 확실하게 이해할 수 있게 하였다. 뿐만 아니라 애도와 보상, 그리고 정상적인 창조과정의 연구를 위한 길을 열어 주었다. 그러나 이러한 자리에 대한 개념의 전체적인 의미가 온전히 드러난 것은 그녀의 이론적 발달의 다음 단계에서 그녀가 편집-분열적 자리 개념을 도입했을 때였다.

제 8장

논쟁적 토론

    멜라니 클라인이 새롭게 발견한 사실들을 발표하자 이에 대한 거센 반대가 일어났다. 1930년대 중반 영국 정신분석학회의 분위기는 변화하고 있었다. 그녀가 학회에서 "조울상태의 심리발생론에 대한 기고"를 발표할 때까지는 그 누구도 영국의 전반적인 정신분석학과 구별되는 클라인학파에 관해 이야기할 수 없는 분위기였다. 하지만, 1935년에 그녀가 우울적 자리라는 개념을 소개하면서 이러한 분위기는 바뀌기 시작했다. 우선, 한때 그녀의 가장 열렬한 지원자였던 글로버(Edward Glover)는 그녀가 분석적이지 못하다고 비판하면서, 그녀는 정신의학적 경험이 없는 일반인이기 때문에 정신병에 관해 논할 자격이 없다고 주장했다. 그에게서 정신분석을 받았던 슈미더버그(Melitta Schmideberg) 역시이 공격에서 그의 편이 되었다. 1930년대 후반에 많은 정신분석학자들이 나치를 피해 베를린과 비엔나에서 런던으로 건너왔는데, 그 중에는 1938년에 런던에 도착한 프로이트(Sigmund Freud)와 그의 가족도 있었다.

    안나 프로이트와 멜라니 클라인 사이의 논쟁은 학회의 학문적활동의 초점이 되었다. 클라인의 작업이 프로이트의 견해와 일치하지 않는다는 논쟁과 이에 대해 노골적으로 또는 은근히 비난하는 여론이 계속 확산되었다. 존스(Ernest Jones)와 영국 학회의 원래 회원들은 클라인의 견해를 지지했다. 그들이 그녀의 견해에 동의하지는 않더라도, 그녀의 작업이 진정으로 정신분석적이고, 그녀가 정신분석 학회에서 자신의 견해를 주장하고 발표할 권리를 가져야만 한다고 생각했다.

그 주제들에 대해 심각하게 토론할 시간이 다가오고 있었다. 하지만 곧이어 전쟁이 일어났고, 학회의 많은 회원들이 징집되었거나 런던을 떠났기 때문에 토론은 좋은 시기가 올 때까지 미뤄지게 되었다. 클라인은 1939년에 런던을 떠났다. 그녀의 아들 에릭은 젊은 아내 쥬디(Judy)와 첫 아이 마이클(Michael)을 떠나 군에 입대했다. 클라인은 쥬디, 마이클과 함께 몇 달 동안 캠브리지에 가 있다가, 스코틀랜드의 피트로크리(Pitlochry)로 갔다. 클라인은 그곳에 일 년 조금 넘게 머물면서 사춘기에 이른 자폐아 딕을 분석했으며, 자신의 연구를 계속했다. 그녀는 또한 4개월 동안 열 살 된 리챠드를 분석했는데, 이 분석은 그녀의 연구에 있어서 매우 중요한 것이었다. 그것은 그녀로 하여금 우울적 자리와 오이디푸스 콤플렉스 사이의 관계를 분명히 밝히도록 해 주었고, 그녀가 오이디푸스 콤플렉스에 대한 초기의 견해를 수정한 논문 "초기 불안의 관점에서 본 오이디푸스 콤플렉스(1945)"[83]의 주된 자료로 사용되었다. 그녀는 항상 전체적으로 기록된 분석자료를 제공함으로써, 자신의 기술과 연구, 이론적인 결론들이 실제적으로 구체적인 자료들에 근거해서 토론되기를 원했다. 피트로크리에서 그녀는 리챠드(Richard)와의 면담들을 매일 상세하게 기록하였다. 하지만, 그 기록들은 그녀 사후에 출판되었다. 그녀가 1942년 런던으로 돌아왔을 때, 학회는 정상으로 돌아왔고, 이전의

---

83 *Writings* I, pp. 370-419.

논쟁들은 다시 활기를 띠었다. 학회의 회장 존스는 1943년 논쟁
적인 주제들에 대한 학문적인 토론을 시작하도록 했다. 「멜라니
클라인이 정신분석학에 끼친 공헌」(Melanie Klein's Contribution
to Psycho-Analysis, 1921-1945)[84]에서 그는 클라인의 견해에 관한
학문적 논쟁을 다음과 같이 정리했다 :

　　클라인의 견해는 영국 정신분석학회를 분열시킨 것처럼 다른 모
　든 정신분석학회들도 분열시킬 것이다. 그녀는 자신의 연구를 직접
　접한 동료들이 없는 상황에서 다수가 반대 입장에서 비판하는 것
　을 감수해야만 했다. 영국에서 '태풍'은 고향에서 살아가는 것이 거
　의 불가능해진 비엔나학파 동료들로 인해 더욱 고조되었다. 그들은
　다른 비판에 더해서 그녀의 결론들이 프로이트의 견해와 다를 뿐
　아니라 모순된다는 의견을 내놓았다. 여기 언급된 것은 매우 과장된
　것이다. 그녀의 결론들이 진실에 가깝다는 것이 밝혀진다면, 위와 같
　은 비판은 정당화되기 어렵다. 나는 프로이트의 천재성을 매우 존
　경하지만, 몇몇 경우에 있어서는 그의 추론들이 불완전하다고 생각
　한다. 하지만 우리는 그로부터 분리된 아들러, 융, 슈테켈, 랑크와 같
　은 분석가들이 보다 깊이 있는 통찰력보다는 내적 저항의 합리화,
　즉 주관적인 동기에 의해 영향을 받고 있다고 생각한다. 어떤 사람
　들은 그녀가 그들과 같은 주관적인 동기의 영향을 받았다고 쉽게
　간주한다. 하지만, 프로이트가 계속해서 연구할 수 있는 능력을 유지
　할 수 없기 때문에 정신분석이 과학의 한 분야로 남기 위해서는 그
　가 도달한 한계를 넘어서 전진하는 것이 불가피하다.[85]

----

84 London, 1948. Later republished as *Writings* Ⅰ: *Love, Guilt and Reparation and
Other Works 1921-1945*. E, Jones's introduction is published as an Appendix to
Writings Ⅲ, pp. 337-40.
　85 *Writings* Ⅲ, pp. 337-38.

그럼에도 불구하고, 클라인의 매우 추상적인 몇 가지 이론들은 분명히 미래의 정신분석이론 안에서 조정될 것이다. 가능한 하나의 예를 든다면, 죽음본능에 대한 그녀의 견해는 프로이트의 철학적 개념인 죽음본능 개념을 문자적으로 적용한 것이다. 나는 이것에 대해서 상당히 회의적이다. 하지만, 내가 이 예를 인용한 이유는 그녀가 프로이트의 견해에 너무 충실하려고 집착하는 것을 비판하고자 하는데 있다. 그러나 더욱 더 이상한 점은 어떤 비엔나학파의 분석가들은 그 점에서 프로이트의 견해와의 차이를 본다는 것이다. 이 모든 것은 정신분석의 이론화 작업이 매우 생동감 있는 활동이라는 사실을 보여주는 것이다. 그리고 이 활동 중에서 그녀의 연구는 매우 중요한 부분을 담당하고 있다.[86]

"논쟁적 토론(Controversial Discussions)"이라고 알려진 이 토론들은 1943년과 1944년에 학회를 지배했던 분위기였다. 이 토론은 멜라니 클라인의 견해들을 명확히 밝히기 위해 다음과 같은 네 개의 주요 논문을 근거로 진행되었다. 그것들은 아이작스의 "환상(Phantasy)의 본질과 기능에 대하여(On the Nature and Function of Phantasy)", 하이만의 "내사와 투사가 갖는 역할의 몇몇 측면들(Some Aspects of the Role of Introjection and Projection)", 아이작스와 하이만의 "퇴행(Regression)", 그리고 특히 클라인의 "우울적 자리와 관련된 유아의 정서 생활과 자아 발달(The Emotional Life and Ego Development of the Infant with Special Reference to the Depressive Position)"이었다. 이 논문들은 토론에 크게 기여했을 뿐만 아니라, 복사되어 영국 정신분석 학회에 보관되어 있다. 처음의 세 논문들은 1952년에 리비에르(Joan Riviere)의 개괄적인

---

86 Ibid., p. 340.

서문과 다른 논문들과 함께 「정신분석 발달」(Developments in Psycho-Analysis)에 실려 출판되었다. 하지만, 그때까지 자신의 생각을 정교화시킨 클라인은 최초의 논문 대신, 자신의 최근의 견해를 포함한 다른 세 논문을 기고했다. 그 논문들은 "분열적 기제들에 대한 해설(Notes on Some Schizoid Mechanisms)", "유아의 정서생활에 관한 이론적 결론들(Some Theoretical Conclusions regarding the Emotional Life of the Infant)" 그리고 "불안과 죄책감의 이론(On the Theory of Anxiety and Guilt)"등이다.

　네 개의 주요 논문들은 프로이트의 초심리학과 관련하여 클라인의 입장을 명확하게 밝혀주었다. 그녀는 자신의 글 전체에 걸쳐 프로이트를 인용하면서 자신의 견해가 그의 견해와 다르다고 믿는 부분들을 지적했다. 예를 들어, 오이디푸스 콤플렉스의 시기와 초자아의 시작, 초자아의 형성, 여성의 성에 대한 견해 그리고 여러 다른 문제들에 있어서 그녀는 그와 견해를 달리했다; 하지만 그녀는 자신의 발견들이 폭넓은 초심리학적 이론에 어떻게 영향을 미치는지에 대해 그렇게 애써 설명하려고 하지 않았다. 논문의 저자들은 그녀가 심리적 갈등, 불안, 방어의 본성에 대한 기본적인 정신분석적 견해와 동떨어져 있다는 비난에 대해 토론하기를 원했고, 또한 그녀가 어떻게 프로이트의 이론에 근거하면서도, 그와는 다른 결론들에 이르는지를 보여주고자 했다. 프로이트는 여러 측면에서 새롭게 사고하기 시작했지만, 그 새로운 사고들을 모두 발전시키지는 못했다. 때로 그의 견해들은 모순되는 것 같았다; 예를 들면, 그는 자체-성애가 자기애를 거쳐 대상관계로 가는 발달과정이 있다고 주장하면서 초기의 구강기적 대상관계에 뿌리 둔 내사와 투사에 대해 설명하였다. 그리고 유아의 첫 대상이 어머니의 젖가슴이라는 사실을 자주 언급했다; "나는 이것을 먹을 것이다; 나는 저것을 뱉어

버릴 것이다."[87] 이와 유사하게 그는 초자아의 형성을 세 살에서
다섯 살까지의 기간에 나타나는 오이디푸스 콤플렉스의 일부분
으로 보았으면서도, 초기 부모의 내사와 퇴행적인 식인 환상에
대해 언급했다.

리비에르는 「정신분석학의 발달」(Developments in Psycho-
Analysis)의 서문을 프로이트의 **자서전**을 인용하는 것으로 시작
하였다:

> … 나는 많은 것을 새롭게 시작했고, 많은 견해들을 버렸다. 나는
> 그것들이 우리의 지식 향상의 길을 열어줄 것이라고 희망한다. 그
> 것들은 미래에 어떤 성과들을 가져다 줄 것이다.[88]

논쟁에서 양편 모두 프로이트를 계속 인용했지만 그 내용은
서로 다른 것이었다. '어떤 프로이트인가?' '누구의 프로이트인
가?' 라는 물음이 제기될 만도 했다. 리비에르에 의하면, 클라인
을 반대하는 사람들은 프로이트의 초기 저작을 인용한 반면에,
클라인과 그녀의 동료들은 그의 후기 저작을 더 많이 인용했다
고 한다. 이것은 특히 죽음본능과 관련해서 볼 때 분명하게 드
러났다. 한 토론자의 말에 의하면, 프로이트학파는 죽음본능에
관한 이론을 "심리학적 개념들이 끼여들 여지가 없는 순수한
생물학적 이론"이라고 주장했다. 반면에 클라인학파는 "자학증
의 리비도 경제적 문제 (The Economic Problem of Masochism,
1924)"[89]와 "부정(否定, Negation, 1925)"[90]과 같은 프로이트의 저작

---

87 "Negation" (1925), *SE* XIX.

88 *Developments in Psycho-Analysis*, ed. J. Riviere, General Introduction, p. I.
The quotations from Freud in this work are not taken from *SE* but from an earlier
translation.

을 인용하면서, 가학증과 자살적 우울증이 죽음본능에서 비롯된
것이라는 프로이트의 견해를 근거로 제시했다. 리비에르는 "자
아와 원본능"에서 다음과 같이 인용한다:

> 본능의 탈융합 현상과 죽음본능 현상은 강박신경증과 같은 심각
> 한 신경증에서 가장 주목할 만한 특징들 중의 하나이다. … 성애적
> 요소들의 축적에 의해 보다 초기 단계에서 성기기 단계로 진전되
> 는 것처럼, 리비도의 퇴행의 본질, 예를 들어 성기기 단계에서 가학
> 적 항문기 단계로 후퇴하는 퇴행의 본질은 본능의 탈융합(defusion)
> 현상에 의한 것일 수 있다.[91]

논쟁적 토론에서 첫 번째로 발표된 아이작스의 환상에 대한
논문은 클라인의 견해들을 조명하는데 매우 중요하다. 이 논문이
첫 번째로 발표된 것은, 자아와 초자아의 초기 발달에 대한 클라
인의 견해와 그녀가 내적 대상을 그토록 강조하는 이유를 이해
하기 위해서는, 클라인이 어떻게 무의식적 환상의 개념을 사용하
는지를 이해하는 것이 꼭 필요하다는 사실을 모두가 명확하게
인식했기 때문이었다.

아이작스는 클라인의 견해들을 프로이트의 견해들과 연결시켰
다. 아이작스는 프로이트가 무의식적 환상이라는 개념을 자주 사
용하지 않았으며, 다소 후기에 가서야 그 개념을 명쾌하게 사용
했다고 간주했다. 그는 "정신 기능의 두 원리에 대한 이론"
(Formulations Regarding the Two Principles of Mental Functioning,
1911)에서 다음과 같이 언급했다.

---

89 *SE* XIX.
90 Idem.
91 *Developments in Psycho-Analysis*, pp. 9-10.

현실원리의 도입과 함께, 한 종류의 사고 작용은 분열되었다 : 그
것은 현실검증과는 별개로 유지되고 오로지 쾌락원리에만 종속된
채로 남아 있다.[92]

이 점에서 클라인은 프로이트와 견해를 달리하지만, 그럼에도
불구하고 환상에 대한 그녀의 견해는 프로이트가 발견한 역동적
정신 실재에 기초를 두고 있다:

프로이트가 **역동적 정신 실재**를 발견한 것은 정신을 이해하는데 있
어서 신기원을 이룬 것이었다.
그는 정신의 내적 세계가 외적 세계와 달리 그 자신의 역동적 법
칙과 특성들을 가지고 계속 살아 있는 실재를 지니고 있음을 보여
주었다. 우리는 꿈과 꿈을 꾼 사람, 그 사람의 심리의 역사, 신경증
적 증상 또는 정상적인 관심이나 성격을 이해하는데 외적 실재를
선호하는 우리의 선입견과 그것을 선호하게 만드는 의식의 정향성
(conscious orientation), 현대의 문명화된 삶에서 자아가 취하는 내적
실재에 대해 평가절하하는 태도 등을 포기해야만 한다.[93]

아이작스는 본능, 정신 기제, 외적 실재, 그리고 높은 수준의 정
신 기능과 관련해서 환상을 검토했다. 환상은 본능으로부터 발생
한다. 아이작스는 프로이트의 "새로운 정신분석 강의(1933)"를 인
용하였다 : "우리는 원본능이 신체 작용과 직접적으로 관련되어
있고, 본능적인 힘을 대신하며, 정신적 표현을 제공한다고 가정한

---

92 *SE* XII p. 222.
93 "The Nature and Function of Phantasy", *Developements in Psycho-Analysis*,
pp. 81-82

다."[94] 그의 견해에 의하면, 본능은 정신적 표상을 통해서만 인지될 수 있다. 아이작스는 클라인의 생각들을 함께 제시하면서, 무의식적 환상은 본능의 정신적 표현이라고 간주하였다 : "모든 충동, 모든 감정, 모든 방어의 양태들은 환상 속에서 경험되고, 환상은 그것들에게 정신적 생명을 제공하며, 그것들의 방향과 목적을 제시한다."[95] 환상은 유아의 정신과정을 지배하는 특성인 전능성을 지니고 있다. 정신발달 초기 단계의 환각적 소원 성취의 특성에 대한 프로이트의 가정은 아이작스의 견해와 일치할지도 모른다.

　이 상황에 대한 프로이트의 설명을 좀 더 숙고해 보기로 하자.
　"자아가 자기애적인 한, 자아는 외부 세계를 필요로 하지 않으나 … 자아는 일시적으로 본능적 자극들을 고통스럽게 인식하지 않을 수 없다. 쾌락원리의 지배하에서 발달이 심화되며, 이때 대상들은 자아에게 즐거움을 주는 쾌락의 원천으로서 인식될 때에만, 자아에 의해 흡수된다. 즉 '내사(페렌찌의 표현)' 된다 : 또 한편으로 자아는 내부에 고통을 증가시키는 것이 있을 경우, 그 어떤 것이라도 외부 세계로 밀쳐내 버린다 (투사 기제)."[96]
　프로이트는 내사를 설명하면서 "무의식적 환상"이라는 말을 사용하지는 않았지만, 그의 개념은 생의 초기부터 우리 안에서 활동하는 무의식적 환상에 대한 우리의 가정과 분명히 일치한다.[97]

　프로이트가 말하는 환각적인 소원 성취 가설은 생명본능과 죽음본능이라는 이중본능 이론보다 시기적으로 앞선 것으로서, 리

<hr/>

94 Ibid., p. 83.
95 Idem.
96 Ibid., pp. 86-87; "Instincts and Their Vicissitudes," (1915).
97 "The Nature and Function of Phantasy", op. cit., pp. 86-87.

비도 만족에 대해서만 언급하고 있다. 아이작스는 파괴적 충동 또한 무의식적 환상들 속에서 자신을 표현하고, 박해에 대한 불안과 두려움을 불러일으킨다는 사실에 주의를 기울임으로써, 프로이트의 생각을 현대화시켰다. 유아의 정신과정에서 먹고 싶은 욕망은 이상적인 젖가슴과 융합하는 전능환상이 되며, 파괴 욕망은 파괴시키고 박해하는 젖가슴에 대한 환상이 된다.

물론, 가장 초기의 환상들은 비언어적이며, 그 환상의 성질은 유아 발달단계에 따라 결정된다. 환상들은 신체적인 것에서 시각적인 것으로, 그리고 언어화될 수 있는 것으로 점차 발달해 간다. 하지만, 아이작스는 존스의 관찰 기록을 인용하여, 때로 최초의 환상들은 보다 후기 발달단계에서 언어화될 수도 있다고 주장하였다. 존스의 기록에 의하면, 한 어린 소년이 어머니가 동생에게 젖을 줄 때, 젖꼭지를 보고 "엄마가 저걸로 날 깨물었어"[98]라고 말했다는 것이다. 아이작스는 언어 발달이 늦은 한 살 8개월 된 어린 소녀의 예도 들고 있는데, 그 소녀는 밑창이 너덜너덜해진 어머니의 구두를 무서워했다. 그래서 구두를 치워 버렸지만, 15개월 후 말을 하게 되었을 때 그 아이는 그 구두가 어디 있냐고 물으면서 "그것들이 나를 잡아먹을지도 모른다"고 말했다[99]는 것이다.

최초의 환상들은 구강기적이며, 대상들과 자아의 부분들을 안으로 들이는 것 그리고 축출하는 것과 관련되어 있다. 이런 환상들은 최초의 자아 기제인 내사와 투사의 기초가 된다. 안으로 들이는 구강기적 환상들과 내사 과정들 사이의 관계는 프로이트가 자신의 많은 논문들을 통해 논의한 바 있다. 아이작스는 프로이트의 "부정(1925)"[100]에 대하여 언급하며, 후에 판단력이 되는 것

---

98 Ibid., p. 88.
99 Ibid., p. 90.

의 본능적 기초에 대해 말하면서, 내사와 투사에 대해 다음과 같이 말했다.

프로이트는 다음과 같이 말했다. "가장 최초의 구강기적 본능 충동을 언어로 표현한다면, '나는 이것을 내 안으로 들이고 싶고, 저것을 내 밖으로 내 보내고 싶다'가 될 것이다. 다시 말하면, 그것은 내 안에 있거나 밖에 있어야 한다는 것이다." 이러한 소원은 그 내용에 있어서 환상에 대한 설명과 같은 것이라고 간주된다.

프로이트가 여기서 독창적으로 "구강기적 충동의 언어"라고 부르는 것을, 다른 곳에서는 본능의 "정신적 표현," 즉 신체의 목표에 대한 정신적 표상들인 환상들이라고 부른다. 이런 실례를 통해 그는 **본능**의 정신적 표현으로서의 환상을 보여주고 있다. 하지만, 그는 동시에 내사(또는 투사) **기제**의 주체적 측면을 서술하고 있다. 그러한 **환상은 원본능의 충동과 자아 기제 사이의 결합의 산물**이며, 그것은 원본능을 자아로 그리고 자아를 원본능으로 변화시켜주는 수단으로 사용된다. "나는 그것을 먹고 싶다. 그러므로 먹었다" 이것은 원본능의 충동을 정신 생활에서 표현하는 환상이며, 동시에 기제에 대한 주체의 경험 또는 내사 기능이기도 하다.[101]

내사와 투사에 적용되는 것은 다른 방어기제에도 똑같이 적용된다. 아이작스에 따르면, "기제"는 이론에서 사용하는 추상적인 서술이기는 하지만, 환상 속에서 유아나 환자는 주체적으로 대상이나 자신을 분열시키고, 대상을 받아들이거나 밀어내고, 자신의 부분들을 고립시키는 등 무엇인가를 하고 있다. 이러한 환상은

---

100 *SE* XIX.

101 "The Nature and Function of Phantasy", op. cit., p. 104.

본능과 정신기제의 결합의 산물이다. 프로이트는 증상과 꿈을 충동과 그에 반하는 방어간의 타협의 산물로 보았다. 아이작스가 사용한 무의식적인 환상의 개념은 이와 같은 생각을 포함한다. 꿈의 사고는 본능적이고 방어적인 요소들을 포함한 무의식적 환상들을 표현한다. 예를 들어, 대상을 안으로 들이는 환상은 구강기적 본능의 목적을 성취하는 기능뿐만이 아니라 대상의 부재에 대한 분노를 방어하는 기능으로도 사용된다.

그러나 물론 환상이 진공 속에 존재하는 것은 아니다. 생의 시작부터 유아는 현실을 경험한다. 프로이트가 그의 많은 저서에서 명확히 밝힌 것처럼, 유아는 결코 전적으로 쾌락-고통 원리의 지배하에 있지 않으며, 이것은 생존을 위해 필수적이다. 생의 초기부터 환상들은 현실에 의해 형성되고, 현실을 닮아간다 ; 이 둘 사이에는 지속적인 상호작용이 있다. 좋은 젖을 주는 젖가슴에 대한 리비도적 환상은 유아의 좋은 경험에 의해 강화되는 반면, 나쁜 경험은 나쁘고, 박해하는 대상, 그리고 자신의 나쁜 감정을 표현하는 전능성의 환상들을 강화시킨다. 반면에 환상은 현실을 무시하기 때문에, 박해불안이 지배적인 유아는, 젖을 잘 먹지않는 유아의 관찰을 통해 잘 알 수 있듯이, 화를 내고 두려워하며, 젖가슴을 거부할 수도 있다. 환상은 자아의 성장과 현실검증을 통해 아주 서서히 현실로부터 분화된다.

그러나 환상 생활은 무의식 속에서 계속되고, 사고력과 같은 고도의 정신 기능이 발달할 수 있는 모체를 제공한다. 아이작스는 프로이트의 "꿈의 해석(Interpretation of Dreams)"을 인용한다 : "모든 의식적인 것은 예비적인 무의식 단계를 가지고 있다."[102]이 예비적인 무의식 단계는 무의식적 환상이고, 외부 세계와의 연결은

---

102 Ibid., p. 82.

상징을 통해 이루어진다. 외부 세계에서 무의식적 환상의 상징적
표현을 발견하는 가운데, 클라인이 논증했고, "아동의 리비도 발
달에 있어서의 학교의 역할(1923)"[103]과 "자아 발달에 있어서의
상징 형성의 중요성(The Importance of Symbol-Formation in the
Development of the Ego, 1930)"[104]에서 서술했듯이, 아이는 외부 세
계를 탐험하는 것을 배우며, 그것과 관계를 맺는다. 이 과정에서
환상들은 또한 현실검증을 받은 것일 수도 있다. 프로이트는 현
실원리는 단지 현실검증에 의해 변화된 쾌락-고통 원리에 불과
하다고 했다. 아이작스가 말하는 높은 수준의 정신기능에 대한
견해는, 사고가 무의식적 환상으로부터 현실검증을 거쳐 발전한
다는 것으로 요약할 수 있을 것이다.

　무의식적 환상 개념의 확장은 순수하게 언어 사용의 문제로
간주될 수 있다. 프로이트가 "정신적 실재"라고 부른 것을 여기
에서는 "환상"이라고 부른다. 이 확장된 용어에 적절하게 상응하
는 프로이트의 개념들이 많이 있다. 예를 들어, 환각적 소원 성취
나 아이들이 가지는 성에 관한 지식들이 무의식적일 때, 그것을
무의식적 환상이라고 볼 수 있지 않을까? 사실 논쟁적 토론에서
페어베언(W. R. D. Fairbairn)은 "정신적 실재"는 아이작스가 서술
한 현상을 포함한다고 주장했다. 브리얼리(Majorie Brierly)는 "무
의식적 의미"라는 용어를 사용하자고 제안했다. 하지만, 이것은
단순히 용어의 문제가 아니었다. 아이작스가 제안하듯이, 클라인
이 말하는 환상에 대한 접근방법은 태어날 때부터 기본적인 대
상관계를 형성하고, 투사, 내사, 분열과 같은 원시적인 정신기제를
사용할 정도로 자아가 발달되어 있다는 견해와 연결되어 있다.

---

103 *Writings* I, pp. 59-76.
104 Ibid., pp. 219-32.

클라인이나 아이작스에게 있어서 환상은 순수한 원본능의 현상이 아니라, 충동, 방어, 그리고 대상관계가 자아에 의해 정교화되는 것을 뜻한다.

하이만은 두 번째 논문인 "초기 유아기의 내사와 투사가 갖는 몇 가지 기능들(Certain Functions of Introjection and Projection in Early Infancy)"[105]에서 초기 자아와 대상관계를 분명하게 밝히고 있다. 하이만은 특히 자아와 초자아의 형성과정에서 내사와 투사의 역할에 관심이 있었다. 페렌찌는 내사가 모든 현실과의 관계에 있어서 기초가 된다고 생각했다. 프로이트는 우울증에 관한 논문에서 내사라는 용어를 처음으로 사용했다. 그는 양가적으로 내사되는 대상이 내적 갈등의 중심을 형성한다고 설명한다. 그는 이 내사가 식인적 발달단계로 후퇴하는 퇴행 과정의 일부분으로서 발생한다고 가정했다. 나중에 그는 내사기제에 의해 아버지가 내면화되는 오이디푸스 콤플렉스의 산물로서 초자아가 형성된다고 설명했다. 하지만, 그가 오이디푸스 콤플렉스 이전 시기인 생의 "초기에 나타나는 부모와의 동일시"에 대해 종종 언급하기는 했지만, 결코 이런 후기의 내사를 보다 초기의 것과 연결시키지는 않았다. 그는 종종 "동일시"라는 용어를 "내사"와 상호 교환적으로 사용했다.

하이만은 내사와 투사가 태어날 때부터 존재하며, 생의 전반에 걸쳐 지속되는 기본적인 정신기제라는 클라인의 견해를 따랐다. 생의 시작부터 유아는 욕망의 대상인 젖가슴을 환상과 현실에서 젖을 먹는 과정을 통해 내사한다. 그리고, 그것의 좋음을 추구하고 내사하며, 이 내사된 것과 자신을 동일시한다. 이 내사물은 자아의 기능일 뿐 아니라, 자아 형성에 있어서도 중요한 뿌리가 되

---

105 *Developments in Psycho-Analysis*, pp. 122-68.

는데, 특히 최초의 대상에 대한 내사는 자아와 초자아의 토대가 된다. 이런 견해는 프로이트가 "자아와 원본능"에서 사람은 욕망의 대상을 내사하여, 자아 안에 가지고 있을때 그 대상을 포기할 수 있다고 말한 것과 일치한다. 하지만, 클라인은 유아가 성장함에 따라 그 대상이 부분 대상인 젖가슴으로부터 시작해서 오이디푸스 상황의 부모를 포함한 다른 대상들로 확대되는 초기의 내사를 중요하게 생각한다는 점에서, 프로이트와 다른 견해를 갖는다. 이러한 견해에 있어서 다음의 질문이 남는다. "젖가슴과 나중의 대상들이, 초자아뿐 아니라 자아의 성장을 촉진하는 방식으로 내사된다면, 대상이 초자아나 자아의 부분 중에 어느 것으로 내면화되는지를 결정하는 것은 무엇인가? 하이만은 이것이 내사를 지배하는 정서적 상황에 달려 있다고 보았다. 그녀는 내사와 내사적 동일시를 구별한다. 만일 대상이 동일시를 주된 목적으로 하여 내사된다면, 그것은 자아로 내사되고 동일시된다. 이런 동일시는 예를 들면, 부모가 아이를 잘 다룰 때 적용된다. 그러나 만일 대상이 정서적 갈등의 상황에서 내사된다면, 초자아로 내사될 가능성이 크다. 이 논문에서 하이만은 내사된 모든 대상들을 초자아로 간주했다. 하지만, 그녀는 내적 대상의 많고 다양한 기능들이 징벌뿐 아니라, 도움을 주며, 삶을 풍부하게 하고, 강화시키기도 한다는 점을 강조했다.

처음에는 클라인도 모든 내사를 초자아로 간주했지만, 후기 저작에서는 "내적 대상들"이란 말을 더 많이 사용했다. 이 대상들은 내사의 전체 상황과 대상의 본질에 따라, 그리고 그것들과 함께 내사된 감정들에 따라, 다양한 기능들을 갖는다. 예를 들면, 그것들은 젖 먹이기, 돕기, 성기능의 강화 또는 반대로 박해와 자아에 대한 내적인 공격으로 경험될 수도 있다. 초자아는 그러한 박해대상, 또는 다양한 대상의 특별한 종합으로 여겨질 수도 있는데, 이것은 도덕적 압력으로 작용하기도 한다. 하지만, 클라인은 용어 사용에 있어서 일관성이 없었는데, 때로는 "내적 대상"과 같은 뜻으로, 때로는 초자아 기능을 행사하는 대상의 측면만을 뜻하는 것으로 사용하였다.

투사는 초기 발달에서 내사와 똑같이 중요한 역할을 한다. 투사 또한 프로이트의 초기 정신기능에 대한 견해에서 암시되고 있다 : "쾌락의 원천으로 인식되는 대상은 자아에 의해 '내사'된다 ; 또 한편으로 자아는 내부에서 고통을 불러일으키는 것은 어떤 것이라도 외부 세계로 밀어내 버린다."[106] 그러나 이러한 진술에도 불구하고, 프로이트는 일반적으로 투사를 특별히 편집증과 관련된 후기의 기제로 간주했다 ; "자체로부터 바깥으로 밀고 나오는 것"은 사실상 자아의 부분이 외부 세계로 투사되는 것이다. 왜냐하면, 내적 고통은 "자신의 정신기능에서 기인하기" 때문이다. 투사는 단지 파괴적 감정과 박해 대상만 포함하는 것이 아니다. 리비도는 좋은 대상을 만나 그것에 투사되기도 한다. 그리고 경험을 이상화하고 이상적인 젖가슴을 창조하는 것은 유아 자신의 좋은 감정의 투사를 통해서이다. 하지만, 유아의 주된 관심은 나쁜 것을 제거하고 좋은 것을 내면화하는 것이다. 바람직한 환경에서는 투사된 악이 실제의 좋은 경험에 의해 약화되는 반면, 선은 증가된다. 이것은 강한 자아와 도움을 주는 내적 대상의 기초이며, 정신 건강의 토대이다.

초기 내사는 전적으로 자아 중심적이다. 내게 좋은 것은 선이고, 내게 나쁜 것은 악이다. 이런 자아 중심성이 우울적 자리에서는 감소되지만 내사과정은 계속된다. 여기에서는 단지 내사만이 실제 부모와의 관계를 증진시킨다. 또한 내사는 오이디푸스 콤플

---

106 "Instincts and Their Vicissitudes" (see *SE* XIV, p. 136, and n. 6 above).

렉스의 지배를 받는다. 하이만은 오이디푸스 콤플렉스의 투사적 측면을 강조했다. 즉 아이들은 자신의 성적 환상을 부모의 성행위에 전가시킨다는 것이다.

클라인이 주장한 내사와 투사, 초기 대상관계의 중요성은 프로이트의 견해들과 모순된다. 대략적으로 말하자면, 프로이트는 우선 유아가 처음에는 자체 – 성애적(즉 대상 없이 느끼는 감각과 관련해서)이고, 그 다음은 자기애적(자신을 대상으로 받아들이는)이며, 마지막으로 대상 지향적(어머니에게서 성애적 대상을 추구하는)이 된다고 생각했다. 하지만, 동시에 그는 처음부터 대상관계가 존재한다는 가능성을 배제하지는 않았다. 하이만은 그가 쓴 두 권의 백과사전(1922)에 실린 글의 처음 부분을 인용했다 :

첫 번째 예로, 구강기적 본능의 요소는 배불리 먹고 싶은 비성애적인 욕망에 애착함으로써 만족을 느낀다 ; 그리고 그 대상은 어머니의 젖가슴이다. 그리고 나서 자신을 분리시키고 독립적이 되며, 동시에 자체 – 성애적이 된다. 즉 아이는 자신의 몸에서 대상을 발견한다. 본능의 다른 요소들은 자체 – 성애적이 됨으로서 시작되고, 나중에야 비로소 외적 대상으로 향하게 된다.[107]

프로이트가 때때로 젖가슴을 유아의 첫 대상으로 간주했지만, 사실 그가 강조한 것은 자체 – 성애적이고, 자기애적인 발달단계이다. 하이만은 자체 – 성애와 자기애를 환상과 내사의 개념을 사용해서 대상관계와 연결시킨다. 유아가 환상 속에서 좋은 젖가슴을 내사함으로써 자체 – 성애적이 된다. 유아가 젖가슴을 포기하

---

107 *Developments in Psycho-Analysis*, p.140 (see *SE* ⅩⅧ, p. 245, and n. 6 above).

고 자신의 엄지손가락을 빤다면, 그것은 젖가슴을 내사하고, 엄지
손가락을 그것과 동일시한 것이다. 이런 견해는 사실상 내사가
"대상을 포기할 수 있는 유일한 조건"[108]이라는 프로이트의 견해
와 일치하는 것이다. 자체－성애적 상황에서 유아는 좋은 젖가슴
을 내사하고, 나쁜 대상과 나쁜 감정을 투사한다. 자기애적 단계에
서 상황은 더욱 복잡하다. 자기애적 단계는 보다 후기의 현상이
고, 외부 세계에 대해 보다 더 적대적이며, 좌절을 더 많이 지각하
는 것을 포함한다. 여기에서는 환각적인 소원 성취 환상이 줄어들
고 나쁜 외적 대상으로부터 등을 돌리는 것이 좋은 내적 대상을
향하는 것 이상으로 우세해진다. 그리하여, 자기애는 편집증과 같
은 심각한 형태의 정신질환에 있어서 중요한 역할을 한다. 클라인
은 후기의 연구에서, 자기애에 대한 이런 견해를 확장시켰다.

하이만은 논문에서 자체－성애와 자기애가 좌절에 대처하는
방식이며, 내적, 외적 대상에 대한 환상과 관련되어 있다는 것을
강조하였다. 자체－성애적이고, 자기애적이며 완전히 자기 중심적
인 대상관계는 점차적으로 보다 성숙한 대상관계에 자리를 내주
지만, 투사와 내사는 일생을 통해 계속된다고 그녀는 주장하였다.

하이만과 아이작스가 함께 쓴 세 번째 논문은 퇴행을 주제로
한 것인데, 환상과 초기 대상관계를 다시 다루고 있다. 프로이트
는 퇴행을 정신질환을 알려주는 주요한 기제로 보았다. 그것은
고착의 개념과 밀접하게 관련되어 있다. 심리성적 발달에서, 생물
학적으로, 리비도는 구강기 단계에서 항문기와 소변기를 거쳐 성
기기 단계로 발전해 간다. 초기의 목적들은 결코 완전히 포기되
지 않고, 성기기의 우위가 확립되면, 거기에 종속된다. 하지만, 발달

---

108 Ibid., p. 145. See "Mourning and Melancholia," *SE* ⅩⅣ; "The Ego and the
Id," *SE* ⅩⅨ; "New Introductory Lectures," *SE* ⅩⅩⅡ; etc.

단계에서 리비도는 전-성기기 단계에 고착될 수 있다. 그런 고착은 전-성기기의 성적 목적에 매달리는 것으로 귀착될 뿐 아니라, 전체적인 인격 발달에 영향을 준다. 고착은 발달을 왜곡시킬 뿐 아니라 억압을 가져오고, 인격구조가 형성되는데 영향을 미칠 수 있다. 프로이트에 의하면 고착은 리비도의 흐름을 가로막아 리비도 발달의 어느 기간 동안에 많은 양의 리비도를 보다 초기의 목적과 대상에 머물러 있게 한다. 프로이트는 그런 고착을, 그것이 외적 요소 때문이든 또는 내적 요소 때문이든 간에 좌절과 관련시켰다.

아이작스와 하이만은 퇴행 이론이 프로이트의 이중본능 이론보다 시기적으로 앞선 것이며, 그 이론에서 공격성의 역할을 고려하지 않았다는 점을 강조했다. 프로이트는 성인의 정신분석에서 다양한 고착점으로 퇴행하는 것을 관찰했다. 클라인은 어린이 정신분석에서 고착점들이 어떻게 형성되는지 관찰했다. 그녀의 견해로는 공격성과 불안이 고착을 만들어낸다. 생의 시작부터 공격적인 충동과 리비도적인 충동 사이에는 갈등이 있다. 그 안에서 리비도의 힘이 점차로 공격성과 불안을 이겨낸다. 따라서 공격성은 창조적이고 생산력 있는 성기기적 리비도의 목적에 봉사하도록 배치된다. 발달의 어느 시점에서 공격성과 불안이 지나치면 리비도 또한 불안을 극복하기 위해 고착된다. 이것은 리비도의 고착을 병리의 원인이 아니라 병리적 과정의 결과로 보았다는 점에서 프로이트의 견해와 직접적으로 모순된다.

프로이트의 리비도 고착과 퇴행 이론은 대상관계를 고려하지 않고 있다. 아이작스와 하이만은 대상관계와 환상 생활, 그리고 공격성으로 인해 생기는 불안을 떠나서는 고착과 퇴행과정을 이해하기 어렵다고 주장했다. 그들은 마약중독에서 나타나는 구강기적 고착을 한 예로 들고 있다. 이 경우에 초기의 식인적 환상은 불안, 죄책감, 우울증을 불러일으킨다. 그것은 계속 새로운 구강 기적 만족에 의해 완화되어야 하고, 재확인되어야 한다. 따라서 리비도의 구강기적 고착은 불안과 죄책감 때문인 것이다.

공격성으로 인해 느끼는 죄책감과 불안의 상황은 정상적인 발달의 일부분이다. 클라인은 어린이 정신분석에서, 종종 불안이 발달 및 회복의 환상들과 리비도의 활동을 더 높은 수준의 성격 조직으로 이끄는 동기가 될 수 있다는 사실을 보여주었다. 불안이 고착으로 이끌어 가는가, 발달로 인도하는가는 불안의 정도에 달려 있다. 불안이 극복될 수 없을 때, 악순환이 생긴다. 이때 많은 양의 리비도는 불안에 대응하기 위해 전-성기기 단계에 고착된다. 이렇게 되면 결국 약한 성기기적 성격 조직이 형성되고 좌절을 견디는 능력이 약해지므로, 쉽게 퇴행이 발생한다.

그러나 클라인과 동료 연구자들에게 있어서 전체적인 퇴행의 개념은 다르게 인식되었다. 그들에게 있어서 전-성기기 단계들은 프로이트가 가정한 것보다 성기기적 조직에서 더욱 중요한 역할을 하는 것으로 간주되었다. 임상 연구에서 그들은 전-성기기 요소의 출현을 퇴행의 필수적인 요소로 간주하지 않는다. 초기의 좋은 젖가슴과 좋은 페니스의 구강기적 내사는 능력있는 성적 활동의 토대가 된다. 그리고 성적 활동은 좋은 상호 먹이기(feeding)의 모든 상징을 포함한다. 더 나아가, 초기의 젖가슴, 어머니의 몸, 그리고 성행위하는 부모를 공격한 것에 대한 죄책감은 성숙한 성기기적 표현에서 발견되는 회복의 소원을 불러일으킨다. 퇴행이 일어날 때, 그것은 결코 단순히 좌절 때문이 아니다. 보다 원시적인 형태의 죄책감과 불안을 자극하고, 퇴행하도록 하는 것은 회복충동이 그 힘을 잃었기 때문이다; 이때에 리비도의 퇴행뿐만이 아니라, 보다 원시적이고 파괴적인 불안이 가중된 내적 및 외적 대상관계로의 퇴행이 발생하게 된다.

클라인과 그녀의 동료 연구자들은 말한다:

어떤 분석 학자들은 퇴행을 주로 리비도의 관점에서만 생각하지
만, 우리는 파괴적 충동 속에서 동시적으로 나타나는 변화들, 즉 그
것들이 보다 초기의 원초적 목표들로 돌아가는 것과 같은 변화들
을 본다. 우리는 **정신질환의 주된 발병 원인을 이러한 원시적이고 파괴적인
충동이 지닌 목적의 재현**이라고 주장한다.[109]

질병이 발생하는 것은 리비도가 공격적 요소를 극복하는데 항
상 실패하기 때문이다. 일반적으로 말해서, 하이만과 아이작스는
전-성기기와 성기기를 서로 좀 더 연관된 것으로 본다. 클라인은
성기기적 경향이 이미 구강기에 나타나고, 전-성기기적 요소들이
성기기적 조직에서 커다란 역할을 한다고 주장했다. 그리고 이
논문의 저자들은 성기기적 경향성과 전-성기기적 경향성 사이
에서 이리 저리로 움직이는 계속적인 동요가 있다고 주장한다.
그 동요의 주된 동인은 불안이다.

몇 년 후, 클라인이 편집-분열적 자리 이론을 확립했을 때, 고착
점과 퇴행의 개념들은 그녀에게 그다지 중요하지 않게 되었다. 왜
냐하면, 클라인이 정신구조를 좀 다르게 보게 되었기 때문이다.

그 토론에서 발표된 마지막 논문은 "우울불안과 관련된 유아
의 정서 생활(Emotional Life of the Infant, with Special Emphasis on
Depressive Anxieties)"이었다. 여기에서 클라인은 아이의 발달에
있어서 프로이트와 아브라함의 견해를 밀접하게 연관시킨 자신
의 우울적 자리의 중심적 역할에 대한 견해를 재진술했다. 특히

---

109 P. Heimann and S. Isaacs, "Regression," *Developments in Psycho-Analysis*, p.
186.

그녀는 프로이트가 후기 사고에서 죄책감을 공격성과 연결시킨 것에 관심을 기울였다. 그녀는 "문명과 그 불만(Civilization and Its Discontents, 1930)"을 인용했다:

　… 억압되고 초자아가 됨으로서 죄책감으로 변하는 것은 결국 공격성뿐이다. 우리가 죄책감의 기원과 이에 관한 정신분석의 발견들을 공격 본능과의 관련에서 고려한다면, 나는 매우 많은 과정들이 더욱 간단하고 분명하게 설명될 수 있다고 확신한다(중고딕은 클라인의 강조).[110]

　하지만 클라인은 프로이트가, 죄책감이란 오이디푸스 시기에 생기는 것이고, 특별히 그것과 연관되어 있다는 견해를 바꾸지 않았다고 말했다. 반면에 아브라함은 죄책감의 기원을 구강기 단계의 식인적인 환상에서 보았는데, 이 견해는 어린이 분석에서 그녀가 관찰한 것과도 일치한다. 클라인은 구강기와 항문기에 대한 아브라함의 연구가 전혀 논의되지 않았고, 자신과 동료 연구자들을 제외하고는 현대 정신분석적 사고에 전적으로 수용되거나 통합되지도 못했다고 지적했다. 그녀는 자신의 다른 논문에서 무의식적 환상의 공격적 요소 안에 있는 초기 대상관계와 불안과 죄책감의 기원에 대한 견해를 재진술했다.
　출간되지 않은 이 논문은 두 가지 새로운 핵심적인 내용을 담고 있다. 클라인은 초기의 상징에 대한 견해에, 우울적 자리와 관계된 새로운 요소, 즉 아이가 부분적으로 최초의 대상으로부터 관심을 바꾸고 상징적 대리물로 그 관심을 확산하도록 촉진하는

---

　110 M. Klein, "On the Theory of Anxiety and Guilt," *Developments in Psycho-Analysis* , p. 273 (see *SE* ⅩⅩⅠ, p. 138, and n. 6 above).

것은 불안 때문만이 아니라, 대상에 대한 관심 때문이기도 하다는 견해를 추가했다. 그녀는 또한 유아와 아이들을 먹일 때 겪는 어려움의 문제를, 식인 충동과 불안 그리고 그것으로부터 오는 죄책감의 관점에서 상세하게 검토했다.

논쟁적 토론은 1943년 1월부터 1944년 5월까지 모두 11차례의 회합을 거치면서, 영국 학회에서 이루어졌다. 토론은 존스가 기대한 것처럼 상호 이해를 심화시키지는 못했다. 오히려 반대로 그들의 견해는 더욱 더 대립되었고, 때로는 매우 신랄해졌다. 엄정한 관점에서 볼 때 토론의 유용한 결론은, 클라인과 그 동료 연구자들로 하여금 자신들의 견해를 더욱 엄격하게 이론화하도록 했다. 수잔 아이작스의 환상에 관한 논문은 이론적으로 중요한 공헌을 한 것으로 꼽을 수 있다. 내사와 투사, 퇴행에 관한 논문들은 고전적 이론과 클라인학파의 이론을 연결하는 유용한 것으로 인정되었다. 이 토론의 결과 세 개의 분파가 출현하였다: 안나 프로이트의 추종자들, 클라인의 추종자들, 그리고 비록 모두는 아니지만, 클라인의 새로운 이론들 중 일부를 수용한 대다수의 영국 분석학자 그룹이다. 이런 학문적인 분리는 또한 영국 학회의 구조적 변화를 가져왔다. 글로버가 사임하고, 곧 멜리타(Melitta)와 월터 슈미더버그(Walter Schmideberg)가 미국으로 떠났다. 안나 프로이트와 그 그룹은 학회에 남았지만, 그 연구생들은 임상 세미나의 분리를 요구했다. 영국 정신분석학회의 훈련과정을 재조직하기 위하여 페인(Sylvia Payne) 박사를 위원장으로 한 위원회가 조직되었다. 훈련 중인 분석가들과 그 후보생들은 두 그룹—B그룹(안나 프로이트와 추종자들)과 A그룹(학회의 나머지)—으로 나뉘게 되었다. A그룹은 클라인 계열과 중간 그룹으로 알려지게 된, 위원회에 소속되지 않은 분석가들로 이루어졌다. 학회의 행정은 신사협정에 근거해서, 전원 동의에 의해 모든 그룹이 행정 부서를 동등하게 맡게 되었다. 후보생들은 공통의 이론 과정을 거치는데, 그 과정의 3년차에 클라인의 연구 과정이 있었다. 하지만, 그들은 분리된 임상 세미나에 참석했다. 이제, 후보생들은 첫 해와 둘째 해에 여전히 분리된 세미나에 참여하지만, 셋째 해에는 서로 다른 경향을 가진 교수들이 번갈아 가며 맡는 통합 세미나에 함께 모이게 되었다. 초기의 신랄한 논쟁이 가라앉은 후에 훈련과정은 후보생들이 선택한 기술의 기초를 확고히 할 뿐만 아니라 그들이 다양한 견해들에 친숙해질 수 있는 기회를 제공하는 것을 목표로 하였다. 이것은 아마도 감정적으로 매우 민감한 주제를 원만하게 다루고 또한 훈련 중인 분석가들에게 정신분석학자들의 해결되지 않은 감정을 전달하는 통로를 차단하기 위한 조치였을 것이다. 왜냐하면 감정적인 문제들은 학회와 기관들이 자주 분열되는 결과로 나타났고, 개인적 갈등의 문제가 과학적 견해차이 보다 더욱 중요해졌기 때문이다. 영국 학회는 마침내 난국을 헤쳐 나가고, 다른 견해들을 담아 냈으며, 포럼을 통해 과학적 견해들을 토론할 수 있게 되었다. 이 논쟁 이후 학회의 조직은 전체적으로 클라인에게 도움이 되는 방향으로 발전했다. 클라인은 이제 자신의 동료와 후보생 그룹을 갖게 되었고, 자신의 견해를 방어하는데 급급하지 않고, 과학적 연구와 자신의 기본적 전제들에 동의하는 사람들을 훈련시키는데 몰두할 수 있게 되었다. 동시에 그녀는 동료들과 훈련생들이 쓴 논문이 증가한 것, 정신분석 훈련과정의 3년차에 가르칠 수 있게 된 것, 그리고 학회에서 종종 자신의 연구를 발표하는 기회를 갖게 된 것 등의 결과를 얻었으며, 이것은 다시 학회의 회원들로 하여금 그녀의 연구를 접할 수 있는 기회가 되게 하였다. 그녀는 국제 회의에도 꾸준히 참석해서 1919년 이후 매 번 논문을 발표했다.

제 9장

편집-분열적 자리
(Paranoid-Schizoid Position)

클라인은 "논쟁적 토론"이 있은 후 2년 뒤인 1946년에 "분열적 기제들에 대한 해설(Notes on Some Schizoid Mechanisms)"[111] 이라는 중요한 논문을 발표하였다. 이 글이 발표되기 전, 그녀의 글에는 한 가지 모순점이 있었다. 그녀는 이 글 이전에 쓴 여러 글에서, 초기 구강기에 전(前)양가감정 단계가 존재하고, 구강기의 가학단계에서 가학적인 분노가 생겨난다는 아브라함의 견해에 동의했다. 또 후기 구강기와 초기 항문기에 가학증이 최고조에 달한다고 말했다. 이후에 그녀는 우울적 자리를 사랑과 증오가 격렬하게 충돌하는 단계라고 설명하면서, 앞의 주장을 포기하였다. 어쨌든 그녀가 아브라함의 견해와 동의하고 있는 부분들은, 태어날 때부터 죽음본능이 작용하고 있다는 그녀의 확신 및 많은 임상자료들과 모순된다.

임상자료 속에서 그녀는 격렬한 공격본능을 일으키는 원초적인 부분 대상들, 예를 들어, '리타의 **찌찌**(Butzen)'[112] (앞의 4장, 50

---

111 *Writings* III, pp. 1-24.
112 *Writings* II, p. 6.

쪽을 보라)와 같은 것에 대하여 설명하곤 했다. "어린이 정신분석"에서 클라인은 Mr. B[113]라는 한 남성 동성애 환자에 대하여 기술하였는데, 그는 심한 건강염려증적 불안에 시달리고 있었고, 모든 사람들이 자신을 박해하고 있으며, 자신에 대한 이야기를 한다는 망상에 시달리고 있었다. 그는 하숙집에 살 때 가벼운 위통이 있었는데, 그 원인을 어떤 여자가 사다 준 빵에 독약이 묻어 있었기 때문이라고 믿었다. 또 그는 그 여자가 자신을 성적으로 유혹하고 있고, 자신을 죽이려고 음모를 꾸미고 있다고 생각하였다. 그는 여자들의 돌출된 부위, 즉 가슴이나 엉덩이 때문에 여자의 몸을 증오하고 두려워했다. 분석을 통해서 드러난 바에 의하면, 그의 무의식적인 환상 안에서 여자들의 젖가슴과 엉덩이는 가학적인 페니스들과 배설물로 가득 차 있었다. 그는 또한 젖가슴이 깨무는 이빨을 지니고 있다는 두려운 환상을 가지고 있었다. 클라인은 이러한 환상들을 처음에는 구강기(젖가슴이 깨무는 이빨이 되는)에서, 그리고 후에는 항문기와 남근기에서 발생하는 가학증의 투사로 보았다. 그는 이런 나쁜 부분 대상으로부터 분열된, 이상적인 페니스에 대한 환상을 가지고 있었다. 그것은 처음에는 고무 젖꼭지와 우유병으로 나타났고, 그 후에는 함께 구강 성교 놀이를 했던 그의 형의 페니스로 나타났다. 클라인은 그가 모유를 먹지 못했기 때문에 초기 구강기 단계에서 젖가슴에 대한 애착의 경험이 없었고, 이것이 그가 후기 구강기 가학적 단계에서 고착을 형성한 기초가 되었다고 생각했다. 그러나 클라인은 "어린이 놀이에서의 인격화(Personification in the Play of Children, 1929)"[114]라는 글에서 또 다른 관점을 제시했다; 그녀

---

113 Ibid., pp. 264-78.
114 *Writings* I, pp. 199-209.

는 이상적인 대상과 편집증의 근원이 되는 박해대상 사이의 분
열을 상세히 설명하고, 이 분열이 극단적일수록 대상관계는 보다
원초적이 되며, 그럴수록 고착의 시기는 더욱 빨라진다고 주장했
다.

그녀는 "조울상태의 심리발생론에 대한 기고(1935)"[115]에서
분열과 부분 대상관계들을 직접 연결시키면서 부분 대상관계,
분열, 박해불안이 하나로 연결되어 있으며, 이 심리적 자리는 이
요소들이 통합되는 시기인 우울적 자리보다 더 앞선다고 주장
했다. 클라인이 아브라함과 다른 견해를 가지고 있다는 것은
퇴행에 관한 아이작스와 하이만의 공동연구 논문에서 처음으
로 분명하게 밝혀졌다.

> 프로이트는 파괴적인 충동이 구강기의 절정에 이르렀을 때 처음
> 으로 나타나는 것으로 보았다. 그러나 아브라함은 구강기를 '빠는
> 구강기'와 '무는 구강기'로 나누고, 이빨이 나는 시기에는 파괴적
> 인 충동이 생겨나지만 초기 구강기 즉 '빠는 구강기'에는 그런 공
> 격적인 충동이 생겨나지 않는다고 보았다 (**우리는 이 점에서 아브라함
> 의 견해에 동의하지 않는다**).[116]

"분열적 기제들에 대한 해설(1946)"에서 그녀는 우울적 자리
보다 앞서는 유아기 발달단계에 관한 자신의 견해를 분명히 밝
혔다. 유아기 발달단계는 부분 대상의 단계이고, 박해불안과 분열
적 심리기제가 지배하는 단계이다. 페어베언은 "분열적 자리"라
는 개념을 원초적 자아의 최초의 분열상태를 설명하는데 사용하

---

115 Ibid., pp. 262-89.
116 P. Heimann and S. Isaacs, "Regression,"*Developments in Psycho-Analysis*, p.
185.

였다.[117] 클라인은 이상적이고도 공격적인 초기 대상관계의 측면에 대하여 강조하면서 이를 원래는 "편집적 자리"라고 불렀다. 1942년에 그녀는 분열과 박해불안이 공존한다는 것을 강조하기 위하여 "편집-분열"이라는 개념을 도입하였다. 그녀는 유아기 발달에 대한 자신의 많은 임상적 관찰과 견해들을 개념화하기 위하여 프로이트의 생명본능과 죽음본능의 이론을 이론적 틀로 사용하였다.

클라인은 초기의 자아와 태어날 때부터 갖게 되는 불안의 성격과 관련하여 두 가지 측면에서 프로이트와 다른 견해를 보였다. 프로이트는 유기체가 죽음본능의 위협하에 그 죽음본능을 바깥으로 투척한다고 보았다. 그는 의도적으로 "자아(ego)"라는 단어 대신 "유기체(organism)"라는 단어를 사용하였는데, 이는 그가 초기 자아를 심리적인 실체로 보지 않고, 생물학적인 실체로 본다는 것을 강조하는 것이다. 이와는 대조적으로, 클라인은 유아의 자아는 태어날 때부터 불안을 경험하고 방어기제를 사용할 수 있을 정도로 충분히 발달한 상태에 있다고 보았다. 그녀는 유기체가 수행하는 투척에 대해서는 말하지 않고 죽음본능을 투사하는 원초적 자아에 대하여 말했다. 그녀의 이해에 따르면, 초기의 자아에게는 태어날 때부터 대상관계와 관련하여 원초적 환상을 불러일으킬 수 있는 능력이 있기 때문에, 죽음본능을 투사함으로써 나쁜 대상의 환상을 불러일으키게 된다고 보았다. 즉 대상 없는 허공에로의 투척이 아니라, 대상을 향한 투사가 일어난다고 본 것이다.

초기 자아에 대한 이러한 견해는 그녀의 불안에 대한 견해에

117 W. R. D. Fairbairn, "A Revised Psychopathology of the Psychoses and Psychoneuroses," *Int. J Psycho-Anal*. 22 (1941); "Endopsychic Structure Considered in Terms of Object Relationships," *Int. J .Psycho-Anal*. 25 (1944).

도 영향을 주었다. 프로이트는 무의식, 유아, 그리고 어린아이까지도 죽음에 대한 개념을 갖지 않는다고 보았다. 그는 죽음에 대한 두려움을 거세불안의 파생물로 보았다. 그러므로 프로이트에게 있어서 죽음본능은 불안과 직접적으로 연결되지는 않는 반면, 클라인에게 죽음본능은 초기 자아의 측면에서 볼 때 멸절의 두려움을 불러일으키는 것으로서, 이 기본적인 공포가 곧 죽음본능의 방어적 투사로 인도한다고 주장하였다. 이와 같이 클라인은 죽음본능을 투척하는 순수한 생물학적인 개념으로서의 유기체가 아니라, 멸절의 두려움을 방어하기 위해 죽음본능을 외부로 투사하고 있는 자아를 보았다.

이 초기 자아는 매우 약하고 통합되지 않은 상태에 있기 때문에 불안에 직면하여 파편화되고 해체되는 경향이 있다. 해체와 전적인 멸절에 대한 공포는 내부의 죽음본능 활동에 의해 자극된 가장 깊은 공포이다.

삶이 시작되면서부터 생명본능과 죽음본능 사이에 투쟁이 시작된다. 분열, 투사, 그리고 내사는 최초에 사용되는 방어기제들이다. 생명본능의 명령에 따라 자아는 분열되고, 죽음본능을 밖으로 투사해 버린다. 동시에 생명본능도 어떤 이상적인 대상을 창조하기 위하여 부분적으로 투사된다. 이러한 방식으로 혼돈 상태로부터 원시적 자아 조직이 출현한다. 자아는 리비도적인 부분과 파괴적인 부분으로 나뉘어지고, 그 후에 분열된 대상과 관계를 맺는다.

이 단계에서 자아의 목표는 그의 이상적인 대상을 내사하고, 그것과 동일시하는 동시에 파괴적인 충동들을 담고 있는 투사된 박해자들과 거리를 유지하는 것이다. 생명본능과 죽음본능 사이의 중심적인 갈등은, 이상적인 대상과 동일시되고 한편이 된 선한 리비도적 자기와 박해자들 사이의 투쟁이다. 내가 "박해자들"

이라고 복수로 말하는 이유는 이상적인 대상은 온전한 것으로 느껴지는데 반해, 나쁜 대상은 보통 파편화된 것으로 느껴지기 때문이다. 이것은 박해자들이 부분적으로는 투사된 죽음본능에 의해 파편화된 자아의 조각들이기 때문이고, 또 부분적으로는 깨무는 것을 특징으로 하는 구강기적 가학증이 물어 뜯어 산산조각난 미워하는 대상이기 때문이다. 소변기와 항문기 가학증이 구강기 가학증에 덧붙여지는데, 이렇게 박해자들은 모든 원천으로부터 나오는 가학성을 흡수한다.

이 단계의 중심적인 불안은 이러한 박해자들이 혹시 자신의 자아와 이상적인 대상을 파괴해 버리지는 않을까 하는 것이다. 그리고 이런 불안에 대항하여 분열적 기제가 사용되는데, 예를 들어, 이상적인 대상과 나쁜 대상 사이의 분열이 점점 커지는 것이라든지, 좋은 대상을 과도하게 이상화하는 것이 그것이다. 또한 박해 공포에 대한 방어로서 전능적 부인을 사용하기도 한다. 이 기제의 근저에 있는 환상은 박해자들을 전능적으로 멸절시키는 것이다. 이러한 측면에서 볼 때, 환각적인 소원의 성취는 단순한 현상이 아니다. 소원 성취의 환각을 유지하기 위해서 유아는 자신의 좋은 대상에 대한 이상화와 동시에 나쁜 대상들을 전능적으로 멸절시키는 일을 성공적으로 수행해야만 한다. 하지만 이것에 실패하고 유아가 배고픔을 느낀다면, 그것은 유아에게 있어서 박해자에 의해 침범 당하고 멸절 당하는 공포의 경험이 된다. 이 최초의 자아 발달단계에서 대상 부재의 경험이란 없다. 즉 좋은 대상의 부재는 나쁜 대상들에 의한 공격으로 느껴진다. 유아는 배고픔을 자신이 물어뜯기는 것으로 경험하고, 좌절을 박해로 느낀다. 좋은 경험들은 이상적인 대상의 환상과 융합된다. 비록 초기 구강기가 전(前)양가감정의 단계이지만, 이것은 증오의 감정이 없어서가 아니라 사랑과 증오의 감정이 분열되어 있기 때문이다. 클라인은

자신의 연구에서, 아브라함으로 하여금 전(前)양가감정의 관계를
가정하도록 했던, 젖가슴과의 이상적인 관계가 실제로 존재한다
고 밝혔다. 그녀는 또한 이러한 이상적인 관계와 동시에 분열된
채로 존재하며, 두려움과 증오로 가득 차 있는 아주 나쁜 젖가슴
에 대한 관계에 대하여서도 관찰하고 있다. 전능 부인, 분열, 투사
그리고 이상화는 이미 서술된 바 있는 기제들이다. 그러나 클라인
이론의 새로운 점은 그녀가 이 모든 것들의 기원이 편집-분열적
자리에 있다고 보는 것과, 그것들을 젖가슴과의 최초의 관계 및
박해불안과 관련시켰다는 점이다.

클라인은 하나의 새로운 심리기제로서 투사적 동일시를 도입
했다. 투사적 동일시는 초기 투사에서 발전된 것이다. 투사적 동일
시는 충동뿐만 아니라 자기의 부분들(즉 아기의 입과 페니스)과
신체의 부산물(소변과 대변)이 환상 속에서 대상 안으로 투사되
는 것이다. 그녀는 자신의 임상자료에서 투사적 동일시의 활동에
대하여 자주 설명하고 있다. 예를 들어, "자아 발달에 있어서 상징
형성의 중요성"[118](5장 74쪽 이하를 참조할 것)이라는 논문에서, 그
녀는 딕(Dick)이 자신의 가학성을 자신의 나쁜 배설물 또는 페니
스와 동일하게 여기고 있으며, 이것들이 어머니의 몸 안으로 투
사되며, 또한 그때 어머니의 몸은 투사된 부분들과 동일시된다고
설명했다. Mr. B의 환상에서 젖가슴은 투사된 탐욕적인 입과 동
일시되고 깨무는 입이 되거나, 아이에게서 투사된 부분들인 나쁜
페니스와 배설물들로 가득 차 터져 버릴 것처럼 되었다. 깨무는
입의 환상에서 젖가슴은 투사된 입과 전적으로 동일하게 여겨지
며, 터져 버릴 것 같이 돌출된 젖가슴의 경우에, 그것은 젖가슴 안
에 있는 페니스와 동일시된, 투사된 부분들을 담고 있는 젖가슴

---

118 *Writings* I, pp. 219-32.

에 대한 환상으로 볼 수 있다. 그 젖가슴은 그것들의 차지가 되었고, 또 망쳐졌으나, 그렇다고 해서 그것들과 완전히 동일시된 것은 아니다. 클라인은 이러한 종류의 환상을 매우 중요하게 여겼기 때문에 "분열적 기제들에 대한 해설"에서 '투사적 동일시(projective-identification)'라는 새로운 용어를 만들어냈다. 나는 여기에서 '투사적 동일시'라는 말을 설명하면서 '심리기제'라는 단어와 '환상'이라는 단어를 서로 바꾸어 쓸 수 있는 말로 사용하고 있다. 아이작스는 자아 심리기제의 근저에 환상이 있다는 것을 잘 보여주고 있고,[119] 이는 투사기제 근저에 있는 투사적 동일시에서 가장 명백하게 드러난다. Mr. B의 경우, 깨물고, 뚫고 들어오며, 더럽히는 젖가슴은 자신의 가학적인 충동들이 투사된 것이다. 이러한 투사 근저에는 자신의 깨무는 입과 꿰뚫는 페니스와 더럽히는 배설물에 대한 환상이 있다.

자기(self)의 부분들 뿐만 아니라 자기 전체가 환상 속에서 어느 한 대상 안으로 투사될 수 있다. 딕은 투사된 부분들로 가득한 두려운 어머니의 몸에 대한 환상으로부터 분열된, 내부가 텅 비어 있어서 자기 전부를 그 안으로 투사할 수 있는 어머니에 대한 환상을 가지고 있었다. 그의 이러한 환상은 빈 찬장에 숨는 행동으로 나타났다. "동일시에 관하여"[120]라는 후기 논문에서 클라인은, 자기 전체를 다른 사람에게 투사시키는 것이 어떻게 전적인 동일시로 인도하며, 다른 사람의 성격을 자신의 것으로 삼는지를 설명하기 위해 쥴리앙 그린(Julien Green)의 「내가 만일 너라면」(If I Were You)[121]이라는 소설을 예로 들었다. 그린의 소설에서, 자기 자

---

119 "The Nature and Function of Phantasy,"*Developments in Psycho-Analysis* .

120 *Writings* Ⅲ, pp. 141-75.

121 London, 1930. Translated from the French by J. H. F. McEwen.

신에 대한 불만에 가득 차 있고, 낙담해 있고, 무언가를 갈망하는 주인공 파비안 (Fabian)은, 마술을 써서 다른 사람 안으로 들어가기도 하고, 그 사람의 성격을 취하기도 한다. 하지만 그는 결국 그 사람 안에 갇혀 있는 자신을 발견하게 된다. 투사적 동일시는 내가 곧 예수나 나폴레옹 같은 사람이라는 정신착란을 일으키는 기초로 작용한다. 투사의 목표가 환상의 결과에 영향을 끼친다. 딕의 경우에, 투사의 목표는 두려움에서 벗어나, 비어 있는 어머니의 자궁 안으로 되돌아가는 것이었다. 파비안의 환상은 탐욕스럽고, 시기심에 찬 투사적 동일시의 환상으로서 시기심의 대상이 되는 사람의 지위와 성격을 차지하기 위한 것이었다.

투사적 동일시의 목표는 여럿이다. 즉 자신의 마음에 들지 않는 부분을 제거해 버리는 것, 대상을 차지하고 대상이 가진 것을 퍼내는 것, 대상을 조종하는 것 등이다. 그 결과들 중 하나는 그 대상과 투사된 자신의 일부분을 동일시하는 것이다 (그래서 투사적 동일시이다). 나쁜 부분들의 투사는 박해 감정을 갖게 한다. 그러나 투사적 동일시는 자기의 나쁜 부분만이 아니라, 좋게 느껴지는 부분까지도 포함한다. 즉 좋은 부분은 분리를 피하고, 대상을 이상화하기 위해, 그리고 내적 갈등을 피하기 위해 투사된다; 내면이 나쁜 것으로 가득 채워져 있다고 느끼면, 대상을 지키기 위해서 자기의 좋은 부분을 이상적인 젖가슴 안으로 투사시킨다. 이것은 대상에 대한 과도한 이상화를 가져오는 한편, 자아의 가치를 감소시키는 결과를 낳는다.

투사적 동일시는 대상을 자신 안으로 다시 내면화하기 때문에 자기애적인 대상관계와 자기애적인 내적 구조의 기초가 된다. 클라인은 이상적인 내적 대상과 동일시된 상태들인 (프로이트가 자체-성애라고 서술한 것과 일치하는) 자기애적 상태와 투사적 동일시에 기초한 자기애적인 구조 및 대상관계 사이를 구분했다.

프로이트는 대상이 자신을 사랑해 주기를 원하는 주체의 자기애적 대상 선택에 대해 서술하였고, 클라인은 그러한 선택의 기반이기도 하며, 또 그 결과이기도 한 환상들에 대해 상세히 서술했다. 자기의 부분들이 투사되고, 대상이 그것들과 동일시되면, 그때 거기에는 대상을 통제해야할 필요성이 생기며, 또한 그 대상에 의해 계속적으로 통제되는 것에 대한 두려움이 생겨난다. 나쁜 부분들이 투사되면 그 대상은 두려운 박해자가 되고, 좋은 부분들이 투사되면, 그 대상에 대한 특별한 의존이 생긴다. 그때 그 대상의 상실은 자신의 일부분이 상실되는 결과를 가져오기 때문에 그 대상은 통제되어야만 한다. 동시에 그 대상은 자신의 가치있는 모든 부분을 담고 있으므로, 개인은 그 대상에게 전적으로 지배되는 것에 대한 두려움을 갖게 된다. 사랑에 대한 분열적 두려움은 투사적 동일시가 주된 심리기제로 작용할 때 발생한다. 이때, 사랑한다는 것은 대상에게 나의 좋은 부분을 투사하는 것이고, 따라서 자신은 고갈되고 사로잡혀 있다는 느낌을 가지게 된다. 투사적 동일시에 기초한 대상관계의 위험 때문에, 분열적 개인들은 모든 대상과의 관계를 끊어 버리려고 할 수 있다. 이 사실은 오랫동안 자기애적 환자와 분열적 환자에게는 전이가 일어나지 않는다고 생각하게 했던 이유이기도 하다. 자기애적인 환자는 어떤 대상에게 자기의 부분들을 대대적으로 투사한 이후에 그 대상을 재 내사함으로써 자기애적 성격구조를 형성한다. 유아는 망가지고 파편화되며, 통제되고 또 통제하는 대상을 갖게 된다. 그러한 대상으로부터 자신을 보호하기 위해 유아는 극도로 이상화된 내적 대상 안으로 도피한다. 이 극도로 이상화된 대상은 또한 극도로 통제되고 통제하며, 자아는 투사로 인해 고갈되어 그러한 내적 대상들을 위한 껍데기에 불과하게 된다.

분열적 심리기제는 젖가슴과의 관계로부터 시작하여 어머니의 몸 전체와의 관계에서 계속적으로 작용한다. 그녀의 초기의 연구에서, 클라인은 초기 오이디푸스 콤플렉스 단계와 남자아이의 여성적 단계에서 어머니의 몸이 어떻게 공포의 원천이 되는지를 설명하고 있다. 클라인은 이것을 아이가 자신의 환상 속에서 만들어 내는 가학적인 공격과 관련지었다(4장을 볼 것). 이 자료를 다시 살펴본다면, 서술된 공격들은 투사적 동일시에 의해 행해지기 때문에, 어머니의 몸은 아이가 투사한 부분들과 동일시된 내용으로 가득 차 있다는 환상을 가지게 된다. 어머니의 몸과 관련되어 일어나는 투사적 동일시와 그것의 재내면화는 매우 중요하다. 클라인이 이 단계와 연관시킨 편집증적 두려움은 젖가슴에 대한 편집-분열적 관계의 연속이라고 할 수 있다.

편집-분열적 자리는 심리발달 단계이다. 유아는 젖가슴을 내사하고 젖가슴과 동일시함으로써 해체에 대한 두려움을 극복한다. 최초의 분열은 좋음과 나쁨을 구별할 수 있는 능력을 형성하기 위한 첫 걸음이며, 투사적 동일시는 외부 세계와 관계맺는 능력을 형성하기 위한 첫 걸음이다. 하지만 만약 이 단계에서 불안이 과다하면 해소되지 못하는 문제들이 생겨 정신병리가 발생한다. 정신분열증, 분열적 성격장애, 그리고 유아나 성인의 신경증에서 드러나는 편집적 또는 분열적 특징들의 근저에는 초기 발달단계에서의 편집적 불안과 분열적 방어들이 놓여 있다.

전적인 해체와 멸절에 대한 두려움이 정신분열증 및 분열적 성격장애의 근저에 놓여 있다. 분열적 성격장애 환자는 종종 불안을 느끼지 않는 것처럼 보인다. 딕의 사례가 하나의 극적인 경우이다. 그러나 잠재되어 있는 불안은 파국을 가져올 만한 성질의 것이다. 분열적 방어기제들은 이러한 불안에 대한 방어로 사용되는 것들이지만, 한편으로 그것들은 다시금 그 자체의 불안을 만들어낸다. 생의 초기에 일어나는 죽음본능의 투사는 편집증적인 모습으로 나타나고 신체의 부분들에 대한 염려와 관련된 불안을 일으키며, 자신의 좋은 부분들을 투사시키는 것은 자기의 고갈을 가져온다. 투사적 동일시의 작용은 다시금 특별한 불안을 야기시키는데, 그것은 자신이 투사한 대상에 의해 보복당하는 두려움이다. 이것이 내사를 가로막고 방해한다. 자기의 부분이 대상에게 투사됨으로, 거기에는 감금당하고 통제되는 것에 대한 두려움이 존재한다. 예를 들어, 생각으로 모든 것을 통제하고자 하는 망상들은 이런 환상에 근거해 있다. 밀실공포증도 이와 비슷한 두려움에 근거한다. 자아의 파편화, 분열, 투사는 모두 자아를 약화시킨다. 원하지 않는 자아의 부분들을 전능적으로 멸절시키려고 하는 것은 더욱 깊은 손상을 가져온다. 분열성 방어기제들은 원치 않는 자아의 부분들을 없애기 위해 공격성을 자기 자신에게 향하게 함으로써 심각하고 위험한 결과를 가져온다. 이런 방어기제를 과도하게 사용함으로서 자아가 약화되면, 유아는 우울적 자리에서 직면해야 하는 새로운 불안에 대처할 수 없게 된다.

"분열적 기제들에 대한 해설"은 짧지만 (부가적으로 덧붙여진 내용인 프로이트의 쉬레버 사례[122]에 대한 클라인의 논평을 제외한다면 23쪽의 분량) 매우 풍부한 내용이 압축되어 있다. 그 글은 분열적 성격장애 및 정신분열증 등의 정신질환에 관한 정신분석 연구에 있어서 새로운 장을 열었다. 멜라니 클라인의 논문이 발표된 후 곧 그녀의 동료들이 쓴 다른 여러 논문들이 발표되었는데, 그들은 분열성 불안과 방어기제들에 관한 새로운 통찰력을 사용하여 정신분열증을 분석하는데 따르는 문제들을 조명했다. 이 글에서 투사적 동일시에 관한 그녀의 설명은 불과 수 쪽 분

---

122 "Psycho-Analytic Notes upon an Autobiographical Account of a Case of Paranoia (Dementia Paranoides)," *SE* XII.

량에 지나지 않았지만, 그것은 여러 형태의 투사적 동일시를 더욱 깊이 탐구하고, 명료화하고, 구별하는 작업을 위한 자극제가 되었다. 편집-분열적 자리의 병리에 대한 서술에서, 클라인은 과도한 불안을 경험하는 것과 방어기제를 과도하게 사용하는 것에 대해 언급했다. 정신병 환자와 경계선 장애 환자의 사례들을 연구한 여러 정신분석 학자들은 클라인의 연구결과를 토대로 하여 불안의 요인들을 규명하고, 그 방어기제들의 성질을 상세히 밝혀냈으며, 이로써 편집-분열적 자리에 해당되는 병리의 뿌리를 더욱 분명히 밝혀냈다. 예를 들어, 투사적 동일시는 과도하게 일어날 수 있을 뿐만 아니라, 그 자체로 병이 될 수 있다.

이때부터 편집-분열적 자리와 우울적 자리 사이의 상호작용은 정신분석가들 사이에서 주된 관심사가 되기 시작했다.

제 10장

마음의 구조,
불안, 죄책감에 대한 새로운 시각

편집-분열적 자리와 우울적 자리 개념을 통해 클라인은 일관성있고 포괄적인 정신발달 이론과 정신병리 이론을 정립하였다. 「어린이 정신분석」과 초기의 논문들에서 그녀는 불안의 근원을 추적하고 그것을 대상관계라는 관점에서 분석했지만, 자신의 모든 발견을 프로이트와 아브라함의 리비도 발달단계 이론과 일치시키려고 노력했다. 그러나 그녀의 심리적 자리의 개념은 리비도 발달단계와는 비교할 수 없는 개념으로서 그녀로 하여금 새로운 접근을 가능하게 했다. 편집-분열적 자리는 우울적 자리에 앞선다. 그럼에도 불구하고, 이 두 자리 사이에는 계속되는 변동이 존재하는데, 이 변동은 자리 개념이 시간적 순서를 따르는 것이 아니라 구조적인 개념이라는 사실을 보여준다. "자리"라는 용어는 자아의 상태, 내적 대상관계의 본질, 불안의 본질과 방어의 특성들과 같은 자아의 구성 상태를 일컬으며, 이와 연관된 현상들을 특징적으로 설명한다. 클라인은 자리 개념을 정립함으로써, 불안과 죄책감의 본질에 대한 자신의 견해를 명료화하였다.

그녀는 정신의 발달과정을 생명본능과 죽음본능 사이의 갈등을 극복해가는 과정으로 설명했다. 즉 정신발달을 생명본능이 파괴적 욕동을 점차로 극복해 가는 과정으로 본 것이다. 편집-분열적 자리에서 죽음본능의 투사는 박해 공포를 일으킨다. 이 나쁜 대상들은 다시 내사되어 초자아의 박해적 측면을 형성한다. 동시에 생명을 주는 대상을 추구하는 생명본능 또한 부분적으로 투사되어 이상적인 대상을 창조한다. 이때 이상적인 대상은 내사되고 부분적으로 동일시됨으로써, 자아와 초자아의 핵심이 된다. 자아의 성장과 발달은 생명본능의 작용에 달려 있다. 바람직한 발달 상황에서 좋은 경험이 지배적일 때 나쁜 충동과 나쁜 대상을 밖으로 투사시키려는 압력은 적어진다. 투사가 감소됨에 따라 박해 공포가 감소하고, 양성 순환이 자리잡게 된다. 박해불안이 감소되면 이어서 공격성이 감소되고, 불안과 불안을 투사해야 할 필요성도 감소된다. 이런 상황이 일어나면 이상적인 대상과 박해 대상 사이의 균열이 감소하고, 대상과 자아의 통합 단계, 즉 우울적 자리로 점차 옮겨가게 된다. "분열적 기제들에 대한 몇몇 논의들"보다 앞서 발표된 우울적 자리에 대한 논문에서 클라인은 박해 공포의 중요성을 강조했다. 임상적 및 발달적 측면에서 볼 때 박해불안이 우울적 자리에 계속 남는다는 것은 분명한 사실이다. 하지만, 두 자리 개념을 이론적 개념으로 간주하고, 우울적 자리에서도 여전히 작용하는 박해 공포를 편집-분열적 자리에 속한 것으로 생각하는 것이 더 유용하다; 우울적 자리의 극복과정은 정확히 우울적 요소에 의해 편집-분열적 요소가 극복되는 것으로 간주될 수 있다.

편집-분열적 구조와 우울적 구조는 대략적으로 다음과 같이 대조될 수 있다. 편집-분열적 자리에서 자아는 좋은 부분과 나쁜 부분들로 나뉘어진다. 즉 자아는 파편화된다. 이것은 투사적 동일시의 작용으로 인해 대상과 종종 혼동된다. 우울적 자리에서 자아는 통합되고, 상반되는 충동들 사이의 갈등에 노출된다. 편집-

분열적 자리에서 대상과의 관계는 전적으로 자아 중심적이고 전능적이다. 대상은 한 인격으로서가 아니라 해부학적 대상이라는 의미에서, 또 이상적인 대상과 박해대상으로 분열된다는 의미에서 부분 대상이다. 편집-분열적 자리의 대상관계는 주로 투사적 동일시에 기초하고 있다. 대상이 재내사되면 그것은 초자아의 이상적인 측면과 박해적인 측면의 뿌리가 된다. 우울적 자리에서 대상은 어머니, 아버지 그리고 부모 한 쌍과 같이 인격적 존재이다. 그들은 인격이라는 의미에서 그리고 완전히 선하거나 악한 존재로 분열되지 않는다는 의미에서 전체 대상으로 인식된다. 여기에서 대상 관계는 양가적인 것으로서 이것이 내사되면 우울적 초자아가 된다. 이 초자아는 사랑 받는 대상이며, 그것에 대한 공격은 죄책감을 불러일으킨다. 편집-분열적 자리의 주된 불안은 자기의 생존과 관련된다. 그것은 내면의 죽음본능의 작용에 대한 공포 ─ 자기 파괴에 대한 ─ 또는 자기와 이상적 대상을 파괴하는 박해자에 대한 공포이다. 우울적 자리의 불안은 자신의 공격성으로 인해 대상이 입는 상처와 상실과 관련된다 ─ 자기가 느끼는 공포는 대상과의 동일시에서 오는 공포이다.

죄책감은 우울적 자리에서 자신이 좋은 대상을 공격한 것에 대한 인격적 책임감으로 나타난다. 하지만, 초기 우울적 자리의 죄책감은 여전히 매우 박해적인 성질을 갖는다. 환상 속에서 공격 받고 상처 입은 내적 대상은 투사가 작용함으로서 복수심을 불러일으키기 쉽다. 임상적으로, 우울증 환자의 초자아는 투사로 가득하다. 박해감과 죄책감 사이에 있는 초자아는 매우 고통스러운 박해적 죄책감을 형성한다. 자책감 속에서 물린 대상은 자신을 문 대상을 다시 문다. 거기에는 책임감과 박해감 두 가지 모두에 대한 인식이 깃들어 있다.

우울적 자리는 의존적 ─ 유아가 어머니에게 의존하는 것과 같은 철저한 의존—환경에서 시작된다. 하지만 심리적 성장과 좋은 대상을 내면화하는 과정을 통해 외적 대상에 대한 의존은 점차 줄어들게 되고, 이러한 의존의 감소는 양가감정이 지닌 적대적 요소를 완화시키고 좋은 대상의 내면화 과정을 더욱 활성화시킨 다. 이와 유사하게 유아 자신의 보상적 능력에 대한 믿음이 증가 하면 방어적 행동의 필요성이 줄어들 뿐만 아니라, 외적 대상에 대한 의존 또한 줄게 된다. 유아와 어린이의 정신발달을 편집-분 열적 자리에서 우울적 자리로 발달해가는 과정으로 인식한다면, 리비도 발달단계들을 다른 시각에서 볼 수 있다. 두 자리 개념은 리비도적 세력과 파괴적 세력이 구강기에서 성기기로 발달해 간 다는 기본적인 개념과 상반되는 것이 아니다. 그것은 그 두 세력 이 유아가 젖가슴으로부터 영양을 공급받는 시기인 구강기에 뿌 리를 두고 있다는 점을 강조한다. 항문기 경향성은 구강기와 완 전히 분리되어 나타나지 않는다. 축출과 투사는 기본적이고 원초 적인 기제로서, 축출은 환상에서 구강기적 용어 (트림과 침뱉기) 나 요도기와 항문기적 용어들 (소변, 대변, 방귀)로 표현된다. 삼켜 지고 파편화된 나쁜 대상은 쫓아내야 할 대변과 동일시되거나, 어떤 상황에서는 이상화된다. 우울적 자리에서 파괴된 대상이 대 변과 동일시될 때, 우울적 요소와 조적 경향성이 혼합되고 이것 은 불안하게 대변에 집착하는 증상을 가져온다. 이것은 종종 상 실에 대한 두려움 때문에 대변을 보유해야 할 필요성과 또는 그 반대로 그것을 축출해 버려야 할 필요성을 야기시킨다. 대상에 대한 조적 통제는 종종 대상을 배설물로 변화시키는 환상을 만 들어낸다. 아브라함과 클라인은 연구를 통해 이러한 배설물 대상 을 통제해야 할 필요성에서 강박기제가 생겨난다는 결론에 도달 했다. 그것은 다음과 같이 설명될 수 있다 : 고전적 이론에서는 아 이가 항문기에 고착되어 있기 때문에 이에 따른 특정한 종류의 대상관계를 발전시킨다고 보았으나, 클라인학파에서는 아이가 특정한 유형의 대상관계를 발달시키기 때문에 항문기 기제에 고착된다고 보았다. 클라인은 항문을 관통당하고 싶은 소망을 구강기 또는 성기기 경향으로부터의 방어적 전치로 보았다. 이때 항문은 입이나 질을 의미하고 있는 것으로 여겨진다.

클라인의 견해에 의하면 오이디푸스 콤플렉스는 우울적 자리의 한 부분으로서 우울적 자리와 함께 나타난다. 따라서 우울적 자리의 극복은 오이디푸스 콤플렉스의 극복과 뗄 수 없이 연결되어 있다. 부모가 전체적이며, 실제 인물로 인식될 때, 그들의 관계는 오이디푸스적 소망과 두려움을 불러일으키는 것으로 인식된다. 젖가슴과 관계된 초기의 양가감정에 오이디푸스적 경쟁심과 질투심이 더해진다. 유아와 어린아이가 자신의 환상을 투사함으로써 배제, 좌절, 질투 그리고 시기심의 감정들이 더욱 강화된다. 아이는 자신이 가지고 있는 욕망을 어떤 것이든지 부모에게로 투사한다. 그리고 환상 속에서 자신이 바라는 성적 만족을 부모가 서로 나누고 있는 것으로 경험한다. 강렬한 욕망과 좌절의 대상인 부모는 환상 속에서 공격의 대상이 되지만, 우울적 자리에서는 자신이 부모에게 의존되어 있고 그들을 사랑한다는 사실을 인식하기 때문에, 이런 공격들이 오히려 상실감, 죄책감, 우울불안을 불러일으킨다. 이런 상황에서 방어기제가 활성화되고, 편집-분열적 양태로 다시 돌아가는 퇴행이 일어나기도 한다. 예를 들면, 부모는 이상적인 상과 전적으로 나쁜 상으로 나뉘어질 수도 있고, 또는 이상적인 대상으로서의 비성적인 부모와 혐오스러운 대상으로서의 성적인 부모로 나뉠 수도 있다. 투사는 서로 결합되어 있는 부모상과 같은 위협적인 형상들을 만들어낸다. 이런 현상은 멜라니 클라인의 어린이 분석에서 종종 발견된다. 조적 방어기제들이 작용하기도 하는데, 이 기제에는 파괴된 부모상과 이상화되고 힘있는 부모상 사이를 나누어 놓는 분열이 포함된다. 이때 아이는 이상화되고 힘있는 부모상과 자신을 동일시함으로써 조적 상태로 들어간다. 오이디푸스 콤플렉스를 극복해 가는 것은 분열의 감소와 투사의 철회를 통해 아이가 점차 부모에 대한 자신의 성적, 공격적 소망을 인식해 가는 과정을 포함한다. 사랑 받는 부모상에 대한 공격적인 환상을 인식하는 것은 성기기적 욕망과 환상들 안에 자신들이 파괴한 것을 회복하고자 하는 보상적 요소를 제공한다. 환상 안에서 발생하는 부모의 성적행위에 대한 공격은 죄책감과 상실감을 일으키고, 좋은 부모상을 내적 및 외적으로 회복하려는 소망을 갖게 한다. 내적 부모를 회복하는 것은 창조적이고 생산력있는 성기기적 성을 위한 내적 모델을 제공한다.

오이디푸스 콤플렉스와 초자아에 대한 클라인의 초기 연구는 모두 이후의 두 자리 개념에 포함될 수 있으며, 초기의 재료들은 편집-분열적 자리와 우울적 자리의 관점에서 살펴볼 때, 개념적으로 보다 잘 이해될 수 있다. 예를 들어, 그녀가 "애도와 조울상태의 관계"[123]에서 설명한, 환자 D가 어머니의 죽음과 관련하여 꾼 꿈(7장 94쪽)을 다시 돌아본다면, 우리는 거기에서 편집-분열적 및 우울적 요소들을 끌어낼 수 있고, 또한 처음의 꿈과 나중의 꿈을 비교해볼 때 우울적 요소들이 우세해지는 것을 볼 수 있다. 첫 번째 꿈에서,

그는 농장 뜰에 누워있는 황소를 보았다. 그 황소는 거의 죽어가고 있었고, 매우 불가사의하고 위험해 보였다. 그는 황소의 한편에 서 있었고, 어머니는 다른 편에 서 있었다. 그는 집안으로 도망치면서 어머니를 위험 속에 내버려두었

---

123 *Writings* I, pp. 344-69.

다고 느꼈고 그렇게 해서는 안된다고 생각했다. 하지만, 어머니도 도망칠 것이라는 다소 막연한 희망을 가졌다.[124]

독자들이 기억할지 모르겠는데, 이 꿈에 대한 다양한 연상들은, 위험한 황소는 그의 아버지를 상징하며, 아버지와의 성관계를 통해서 어머니가 파괴되고 있다는 것을 상징한다. 그의 공격성은 명백하게 아버지에게로 투사된다. 그가 어머니를 버려두고 도망치는 것은 그가 애도를 거부하고 있음을 분명히 보여주는 것이다. 면담에서 그는 분석가에게 어머니가 전날밤에 돌아가셨다는 사실을 말하지 않았다. 하지만, 거기에는 우울적 요소들이 있다—황소는 반쯤 죽어있고, 환자는 어머니를 걱정하고 있으며, 어머니를 위험 속에 버려두었다는 것에 대한 죄책감을 느끼고 있을 뿐만 아니라, 그녀가 도망칠 것이라는 희망도 가지고 있다. 어머니의 장례식 다음날 그는 아버지와 분석가가 그를 도와주려고 하지만, 실은 그가 자신의 목숨을 지키려고 그들과 맞서 싸우는 꿈을 꾸었다고 말했다. 그는 "죽음이 나를 부른다"[125]고 말했고, 분석과정이 자신을 해체시킨다고 크게 불평했다. 파괴된 내적 부모, 죽어가는 황소, 그리고 그 안에 있는 상처 입은 어머니는 박해자가 되어 자신을 죽음에 이르도록 위협한다 ; 분석가는 그의 내적 부모를 나타내고, 분석가의 도움은 위협으로 느껴진다. 어머니의 장례식 후 셋째 날 밤에 그는 다음과 같은 꿈을 꾸었다 :

그는 —분명히 운전기사가 없는— 버스가 자신을 향해 마구 달려오는 것을

124 Ibid., p. 364.
125 Ibid., p. 366.

보았다. 그 버스는 헛간을 향해 달렸다. 헛간이 어떻게 되었는지 보지는 못했지만, "불타오를 것이라는" 사실은 분명히 알 수 있었다. 그리고 두 사람이 뒤에서 걸어오더니 창고의 지붕을 열고 들여다 보았다. D는 "그들이 왜 그렇게 하는지 이해하지" 못했다. 하지만 그들은 그렇게 하는 것이 그에게 도움이 된다고 생각하는 것 같았다.[126]

그는 연상에서 어머니가 병이 나기 시작했을 때, 자신이 차를 전주에 들이받은 사고가 있었다고 말했다. 불타오르는 헛간은 그의 내면에 있는 부모를 나타낸다. 면담에서 그는 부모에 대한 자신의 공격성과 내면세계에서 그들이 파괴되는 것을 두려워하고 있다는 사실을 매우 잘 알고 있음을 보여주었다 ; 이것은 그로 하여금 지금은 돌아가시고 없는 어머니를 애도하게 하고, 자신의 공격성에 대한 죄책감과 대면하게 했다. 자신의 공격성을 아버지에게로 전가한 투사, 그리고 첫 번째 꿈에서 위험에 처한 어머니를 버려두고 도망치는 모습에서 나타난 분열과 부인은 부분적으로 어머니가 실제로 몸이 아파 돌아가심으로써 다시 일깨워진 죄책감과 애도—우울적 자리에 속하는—에 대한 방어기제들이다.

그가 슬픔과 절망에 빠져 애도과정을 거치고 있을 때, 깊이 묻혀 있던 어머니에 대한 사랑이 점차 드러나게 되었고, 부모와의 관계가 변화되었다. 한번은 자신의 어린시절에 즐거웠던 경험을 그들과 관련시켜서 말했다. "내가 존경하는 부모님"—그에게 이것은 새로운 시작이었다.[127]

---

126 Ibid.
127 Ibid., p. 368.

무엇보다도 박해의 감정이 줄어들었다. 어머니의 장례식 이후에 꾼 꿈에서 그는 자신의 분석가 그리고 아버지와 싸워야 했지만, 헛간 꿈에서 이 두 인물은 도움을 주는 인물로 나타났다.

「어린이 정신분석」의 자료들을 다시 살펴보면, 예를 들어, 에르나의 오이디푸스적 재료는 기능상 편집-분열적 양태에 속해 있음을 알 수 있다. 환상 안에서 부분 대상인 어머니의 몸과 아버지의 페니스에 가해지는 격렬한 모든 공격들은 또한 그녀의 대상들에게 투사되었고, 편집적, 신체 건강염려증적 두려움을 불러일으켰다. 클라인은 이 사례[128]에 대한 설명에서 에르나의 편집적 요소에 관심을 기울였다. 에르나의 자료는 리챠드의 자료와는 대조적이다. 리챠드는 어머니를 이상적인 젖가슴 어머니와 히틀러의 모습을 띤 아버지와 결합된 나쁜 성기기적 어머니로 분열시킴으로서 자신의 오이디푸스 상황에 대처했다 ; 하지만, 분석하는 동안에 그는 우울적 감정과 보상적 소망의 감정 모두와 씨름해야 했다. 예를 들어, 어느 날 클라인이 런던에 가야했기 때문에 그의 분석은 중단되었다. 그때 그는 매우 공격적이 되었는데, 이때 분석가는 나쁜 아버지(런던에 있는 적들)를 내포하고 있는 나쁜 성기기적 어머니를 나타내고 있었다 ; 하지만 곧바로 자신을 나타내는 배와 자신의 어머니와 클라인을 나타내는 배 사이에 충돌을 일으켰다 :

리챠드는 로드니와 넬슨(그의 어머니와 아버지)의 전투함들을 나란히 놓고, 그의 형제와 자신, 그리고 자신의 개를 일렬로 세워 놓았다. 여기에서 함대 놀이는 부모가 함께 있는 것을 허용하고, 아버지와 형제의 권위를 인정함으로써 가족간에 조화를 이루고 가정

---

128 The Psycho-Analysis of Children, *Writings* Ⅱ.

의 평화를 회복하려는 그의 소망을 나타내는 것으로 볼 수 있다.[129]

클라인은 다음과 같이 언급한다 :

　… 리챠드는 자신의 경쟁자인 아버지와 형제들에게 공격받을 것
이라는 두려움에 대한 방어뿐만 아니라 좋은 대상에 대한 관심에
의해서도 지배되었다. 이때 사랑의 감정 그리고 환상 속에서 손
상—자신의 증오와 질투에 굴복하면 다시 반복될—시킨 대상에
대한 보상 충동은 매우 큰 힘으로 나타났다.[130]

　리챠드의 경우, 어머니와 성행위를 하고 싶은 소망은 그녀를
회복시키고 그녀에게 아이를 주고 싶은 보상적 소망에 의해 강
화되었다.

　성적인 측면에서 좋은 내적 부모와 동일시하는 것은 외적 부
모에 대한 사랑 및 관심과 함께 아이가 외적 부모를 성적으로
소유하고자 하는 욕구를 점차 포기하고, 그 욕구를 다른 대상으
로 옮기도록 도와준다.

　클라인은 또한 자리 개념을 통해서 불안과 죄책감에 대한 포
괄적인 이론을 확립하였다. 클라인의 연구 전체를 통해서 불안의
분석이 주도적인 이론이었음에도 불구하고, 불안과 죄책감을 중
심으로 다룬 논문[131]은 하나밖에 없다. 편집-분열적 자리의 개념을
정립한 직후에 클라인은 불안과 죄책감에 대한 이론을 더욱 정
교화했고, 프로이트의 견해와 더욱 일치하는 개념적 틀을 갖게

---

129 "The Oedipus Complex in the Light of Early Anxieties" (1945),*Writings* I, p. 378.

130 Idem.

131 "On the Theory of Anxiety and Guilt" (1948), *Writings* Ⅲ, pp. 25-42.

되었다. 불안에 대한 프로이트의 사고는 그의 연구가 진행되는 과정에서 생겨났다. 본래 그는 불안을 좌절에 의해 리비도가 직접적으로 변화된 것으로 보았다. 하지만, 그는 리비도의 소망에 대한 억압이 불안을 일으키는 것이 아니라, 억압을 일으키는 것이 불안이라는 사실을 발견하고는 이 견해를 포기했다. 그는 결코 불안을 공격성과 직접적으로 관련시키지는 않았지만, 그 출처가 어떤 것이든 정서적으로 엄습해오는 흥분과 연결시켰다.[132]

프로이트에게 있어서, 두 가지의 기본적인 불안은 전-오이디푸스적인 대상 상실에 대한 두려움과 오이디푸스 콤플렉스의 중심적 불안인 거세불안이다. 그는 죽음본능을 불안의 직접적인 원인으로 보지는 않았다. 왜냐하면, 그에 따르면, 무의식과 유아는 죽음의 개념을 가지고 있지 않기 때문이다. 그는 죽음본능을 거세공포의 표현으로 보았다. 클라인은 불안을 죽음본능의 작용에 대한 직접적인 반응으로 보았고, 죽음본능이 불안을 자극하기 때문에 밖으로 축출된다고 생각했다. 불안은 편집-분열적 자리에 속하는 박해불안과 우울적 자리에 속하는 우울불안의 두 가지 형태를 띠게 된다. 프로이트가 가정한 대상 상실에 관한 기본적인 불안은 클라인에 따르면 이 두 가지 형태로 경험된다. 편집적인 불안에서는 대상이 나쁘고 자신을 공격하는 것에 관심을 두는 반면에, 우울적인 불안에서는 대상이 좋은 상태로 남아 있는가에 대해 그리고 자신이 나쁜 대상에 의해 공격받는 것보다 좋은 대상을 잃는 것에 더 많은 관심을 둔다. 거세불안은 주로 편집적 성격을 띤다; 그것은 나쁜 대상에게 공격받는 것에 대한 편집적 불안으로서 페니스에 집중된다. 성기기가 우세해지기 이전에 이런 불안들은 먹히고, 조각나고, 독살되는 것 등에 대한 염려로 나타

---

132 "Inhibitions, Symptoms and Anxiety," *SE* XX.

난다. 보다 발달된 형태의 거세불안은 내적 페니스를 상실하는 환상과 같은 우울적 요소를 포함하는데, 좋은 내적 페니스는 보상의 도구로 간주되기 때문에, 그것의 상실은 상처입은 어머니를 염려하고 회복시키는 능력으로서의 우울불안을 일으킨다.

우울불안은 우울적 자리에서 나타나는 죄책감과 밀접하게 관련되어 있다. 죄책감에 대한 프로이트의 입장 또한 발달과정을 거쳤는데, 그는 죄책감을 초자아의 작용과 관련시켰다. 그는 자신이 죄책감을 보다 초기 단계와 관련해서 언급—예를 들어, 식인충동이나 항문기 가학증—했음에도 불구하고, 죄책감을 주로 오이디푸스 콤플렉스와 관련되어 나타나는 요소라고 생각했다. 프로이트는 초자아 형성에 앞서 괄약근 도덕성 (sphincter morality)의 형성 단계가 있다는 페렌찌의 견해에 동의하지 않았다. 본래 프로이트는 죄책감을 근친상간적인 리비도 충동과 관련시켜 생각했다. 그러나 죽음본능의 가설을 확립한 후에 죄책감에 대한 그의 입장은 변했고, 점차로 그것을 공격성과 관련시켜서 생각하였다. 그는 죄책감이 명백하게 파괴충동에서만 비롯된다고 생각했다. 그리고, 「문명과 그 불만족」(Civilization and Its Discontents, 1930)에서 그는 클라인과 다른 영국 학자들의 새로운 견해에 동의하면서 초자아의 엄격성을 아이 자신의 억압된 공격성과 관련시켰다.[133] 클라인에게 있어서 죄책감은 우울적 자리에서 양가적으로 사랑받는 내적 대상에 대해 공격이 이루어졌음을 인식하는 것과 함께 발달하기 시작한다. 그 내적 대상의 질책(자책)은 죄책감으로 느껴진다. 우울적 자리가 발달하고, 초자아의 박해적 요소가 줄어드는 것과 함께, 죄책감의 박해적 요소가 줄어들고, 점차로 외적 대상 및 내적 대상의 운명에 대해 실제적으로 관심을 갖게

---

133 *SE* XXI, p. 130, n. 1.

되고, 초기 편집적 두려움에 뿌리를 둔 징벌의 측면이 사라지게 된다.

편집-분열적 자리에서 우울적 자리로의 이동은 정신병적 기능에서 정상적인 기능으로의 본질적인 변화를 보여주는 것이다. 우울적 자리가 우세할수록 전능성과 투사를 통한 인지의 왜곡이 감소된다. 외적 및 내적 현실은 구별되며, 정신적 실재에 대한 감각이 발달하고, 자신의 충동과 내적 대상의 상태에 대해 책임을 질 수 있게 된다. 여기에서 현실검증 능력이 생겨나고, 자신의 환상과 현실에 대한 인식이 조화를 이룰 수 있게 된다. 우울적 자리의 주요한 특성인 대상에 대한 관심은 현실검증 능력을 형성하는데 기여한다 ; 대상의 상태를 평가하기 위해 대상을 조심스럽게 살피게 된다. 대상의 온전성을 지키려는 소망은 점차로 투사적 동일시와 전능 통제를 포기하게 하고, 이것은 현실을 수용하는 것으로 이어진다. 억압이라는 방어기제가 점차적으로 분열이라는 방어기제 대신에 중심적 자리를 인계받는다. 수용할 수 없는 충동들은 투사에 의해 대상에게 해를 입히는 방식으로 처리되지 않고, 억압에 의해 심리내적으로 해결된다. 여기에는 대상관계의 근본적인 변화가 수반된다. 현실을 분별할 수 있는 능력과 사랑의 능력, 그리고 대상의 독립성과 양가감정에 대해 인정하고, 허용하는 성숙한 대상관계 안에서 박해 또는 이상화의 결과인 분열과 투사가 사라지고 현실적인 관심이 자리를 잡게 된다.

이러한 발달은 다시금 상징 형성과 승화와 같은 정신기능에 영향을 준다. "자아 발달에 있어서 상징 형성의 중요성(The Importance of Symbol-Formation in the Development of the Ego, 1930)"[134]에서 클라인은 비록 이 용어를 사용하지는 않았지만, 상

---

134 *Writings* I.

징 형성을 투사적 동일시와 관련된 것으로 이해했다. 그녀는 자신의 이후 논문[135]에서 대상에 대한 관심은 또한 상징을 형성하는데 있어서 어떤 역할을 한다고 주장했다. 클라인은 그 주제를 더 발전시키지는 않았지만, 상징을 형성하고 사용하는 능력의 발달과정을 편집-분열적 양태에서 우울적 양태로 발전하는 발달과정의 일부분으로 이해했다. 편집-분열적 자리에서 투사적 동일시가 우세해지면, 자아는 구체적인 방식으로 대상과 동일시된다. 딕은 자신이 칼로 잘게 썰어놓은 나무 조각들을 바라보면서, "불쌍한 클라인 부인"[136]이라고 말했다. 상징과 그 대상은 하나이다. 이것이 정신병적인 구체적 사고(concrete thinking) 근저에 깔려 있는 상징 형성의 방식이다. 우울적 자리에서 대상에 대한 전능적 소유는 포기된다 ; 대상은 애도되고, 그 대상과 전적으로 동일시되지 않은 채 그 대상을 대신하고 대표하기 위해서 상징을 필요로 하게 된다. 이때 상징은 건강한 것이 되고, 승화와 의사소통에 사용된다. 유사하게, 승화와 창조성이 발달하는 자리도 우울적 자리이다. 내적 대상과 관련된 죄책감과 상실에 대한 경험은 상실한 내적 대상을 내적 및 외적으로 재창조하려는 보상적 충동을 일으킨다.

클라인은 예술에 대해서 단지 세 개의 논문만을 발표했다. 이 중 첫 번째 논문인 "예술 작품과 창조적 충동에 반영된 유아의 불안 상황들(Infantile Anxiety Situations Reflected in a Work of Art and in the Creative Impulse)"[137]은 클라인이 우울적 자리 개념을 생각해내기 전인 1929년에 발표되었지만, 우울적 자리의 창조적 충

---

135 "Some Theoretical Conclusions Regarding the Emotional Life of the Infant" (1952), *Writings* Ⅲ, p. 83.

136 "The Importance of Symbol-Formation in the Development of the Ego" (1930), *Writings* I, p. 227.

137 *Writings* I, pp. 210-18.

동 및 그것과 관련된 보상적 충동의 근원에 대해 매우 잘 설명해주고 있다. 클라인은 라벨(Ravel)의 오페라 "**아이와 마법들**(L'Enfant et les Sortileges)"에 나오는 콜렛의 가극(Colett's Libretto)과 카렌 미켈리스(Karen Michaelis)의 룻 크야르(Ruth Kjar)라는 화가의 성장과정에 대한 "빈 공간(Empty Space)"이라는 글에 관해 논의했다. 콜렛의 가극에서 어머니가 "너는 마른 빵을 먹고, 설탕도 넣지 않은 차를 마시게 될거야"라고 위협하며 떠나 버리자 어린 소년은 분노로 가득 차서 주변의 고양이나 다람쥐뿐만 아니라 무생물 대상들을 무자비하게 공격한다. 그가 공격하는 대상이 갑자기 매우 커지더니 그에게 복수를 한다. 그는 정원으로 도망치지만, 올빼미, 고양이, 다람쥐들이 그를 공격하려고 달려든다. 싸움을 하다가 다친 다람쥐가 땅에 쓰러진다. 불쌍한 마음이 든 아이는 다람쥐를 집어들고 다친 발을 감싸준다. 마술처럼 동물들은 친해지고 세계는 다시 정상적인 크기로 돌아온다. 아이는 "어머니"라고 속삭인다. 클라인은 이 아이의 공격적인 행동이 지닌 상징적인 의미를 아이가 어머니의 몸을 나타내는 방과 어머니의 신체 내부에 들어 있는 아버지의 페니스와 아이들을 나타내는 다양한 대상들을 공격하는 것으로 해석한다. 클라인은 이 논문에서 투사라는 말을 사용하지는 않지만, 우리는 대상이 나쁘고 무섭게 변하는 것이 아이가 그것들을 공격하기 때문일 뿐만 아니라 밀실공포증과 편집적 자리로 이끄는 그의 투사 때문이기도 하다고 가정했다. 그가 다람쥐를 집어들고 그 다친 발을 감싸주는 모습은 그의 정신 내부에서 편집-분열적 자리로부터 우울적 자리로의 이동이 일어났고, 그것과 함께 사랑의 능력이 발달하고 현실감각이 돌아왔음을 보여준다. 이때 아이를 사로잡고 있던 괴물은 사라진다.

여기서 클라인은 급작스런 전환에 대해 설명하지만, 그것을 창조적인 충동과 직접 연결시키지는 않았다. 그러나 클라인은 카렌 미켈리스의 룻 크야르에 대한 두 번째 설명에서 이것을 창조적 충동과 연결시켰다. 이 젊은 여성은 방에 있던 그림을 벽에서 제거했을 때 우울적 반응을 보였다. 벽 위의 텅 빈 공간은 "기분 나쁜 미소를 띠고 그녀를 내려다보고 있었다."[138] 그녀는 깊은 우울증에 빠졌고, 벽 위의 텅 빈 공간이 그녀의 고독한 내면을 나타내고 있었다. 그녀는 빈 공간이 철저하게 절망적으로 느껴졌다. 그러다가 갑자기 벽 위에 직접 그림을 그리기로 작정했다. 그녀가 그린 그림은 나체의 흑인 여성이었다. 이 그림은 그녀가 평생 동안 그리게 될 그림의 시작이었다. 클라인은 그녀의 그림들을 예로 들면서 그녀가 그림 속에서 어머니를 상징적으로 재창조함으로써 우울증을 극복해가는 방식을 보여준다. 우울증은 내면에 적대적인 텅 빈 공간을 남겨 둔 내적 어머니와 관련된 것이다. 클라인은 우울적 자리의 불안과 그것들이 불러일으킨 보상적 충동이 창조성의 뿌리라고 결론을 내렸다.

우울불안은 발달단계마다 일어난다. 아이와 젖가슴의 분리, 그리고 젖떼기에 대한 인식은 젖가슴과 어머니를 공격하게 되는 원천적인 요인으로서 우울적 자리의 핵을 구성한다. 우울적 감정은 상실을 경험할 때마다 재활성화되며, 발달의 매 단계는 어느 정도의 상실을 의미한다. 배변훈련에서 이상화된 내적 배설물이 포기되어야 하며; 이것은 또한 걷는 것과 말하는 것 또한 분리됨과 분리함에 대한 인식을 갖는 발달단계인 초기 아동기에도 해당된다 ; 사춘기에는 유아적 의존이 포기되어야 하고, 성인기에는 부모와 부모 형상의 상실에 직면해야 하며, 점차로 자신의 젊음을 상실하는 것과도 직면해야 한다. 인생의 모든 단계마다 한편

---

138 Ibid., p. 215.

으로는 우울적 고통 때문에 편집-분열적 양태로 퇴행하는 것과 다른 한편으로는 성장과 발달로 나아가기 위해 우울적 고통을 극복하는 것 사이의 새로운 싸움이 기다리고 있다. 그런 의미에서 우울적 자리는 결코 완전히 극복될 수 없다 : 우울적 자리의 완전한 극복은 완전히 성숙한 개인과 같은 모습으로 나타날 것이지만, 그것은 현실적이 아니다. 다만 우울증이 극복된 정도와 좋은 내적 대상이 자아 안에 확고하게 자리잡고 있는 정도에 따라 개인의 성숙성과 안정성이 결정된다고 하겠다.

제11장

시기심과 감사

    1952년은 멜라니 클라인이 70세가 되는 해였다. 다소 늦은 감이 있는 40세에 전문적인 일을 시작했던 그녀는 70세에 이르러서야 지난 30년간의 창조적인 작업을 돌아볼 수 있게 되었다. 「국제 정신분석 저널」(*International Journal of Psycho-Analysis*)에는 그녀의 제자와 동기들이 쓴 11편의 논문을 포함한 창사 기념 논문이 실렸다. 1955년, 그 대부분의 논문들과 클라인이 쓴 두 편의 논문을 포함한 다른 10편의 논문들은 「정신분석의 새로운 방향」(*New Directions in Psycho-Analysis*)[139]이라는 제목의 책으로 출판되었다. 이 책은 그녀의 업적이 정신분석에 얼마나 많은 영향을 끼쳤는지를 보여준다. 이는 임상과 적용의 두 부분으로 나뉘어 있다.

    임상 부분에는 어린이 정신분석에 관한 많은 논문이 포함되어 있다. 로드리게(Emilio Rodrigue)[140]는 세 살된 정신분열 농아를 분석한 논문을 기고했다. 그는 클라인이 시작한 정신분열 아동에 관한 연구를 계속하였으며, 말 배우기와 우울적 자리가

---

139 Edited by M. Klein, P. Heimann, and R. E. Money-Kyrle

140 "The Analysis of a Three-Year-Old Mute Schizophrenic," *New Directions in Psycho-Analysis* , pp. 140-79.

시작되는 것 사이에 연관관계가 있음을 보여주었다. 여기에는 또한 성인 정신분열증 환자의 정신분석에 관한 두 편의 논문, 로젠필드(Herbert Rosenfield)의 "심각한 정신분열증 환자에게서 나타나는 초자아 갈등에 대한 정신분석적 보고(Notes on the Psycho-Analysis of the Super-Ego Conflict in an Acute Schizophrenic Patient, 1952)"와 비온(W. R. Bion)의 "언어와 정신분열증(Language and the Schizophrenic, 1953)"이 실렸다. 이것들은 로젠필드와 비온의 첫 번째 논문으로서 정신병적인 사람들위한 정신분석 치료에 크게 기여했다.

두 번째 부분은 임상적인 작업 이외의 여러 방면에 클라인의 개념을 적용한 논문들로 구성되었다. 그 중에 "동일시에 대하여(On Identification, 1955)"라는 논문에서 클라인은 그린(Green)의 소설 「내가 만약 너라면」(*If I Were You*)을 다루면서 이 소설의 주제인 강한 투사적 동일시에 대하여 설명하고 있다. 또한 리비에르의 문학에 관한 두 편의 논문과 "미학에 대한 정신분석학적 접근(A Psychoanalytical Approach to Aesthetics, 1951)"이라는 시걸(Segal)의 논문에서, 그녀는 클라인의 편집-분열적 자리와 우울적 자리의 개념을 미학의 영역에 적용시켰다. 스톡스(Adrian Stokes)의 논문 "예술의 형태(Form in Art)" 역시 같은 주제를 추구하는데, 그는 이후의 많은 글에서 이를 계속적으로 발전시켜 나갔다. 모니 컬(Money-Kyrle)의 논문 "정신분석과 윤리학(Psychoanalysis and Ethics)"은 클라인의 새로운 이론을 통해 드러난 철학적인 문제들을 검토하는데 처음으로 많은 기여를 했다. 비온과 쟈끄(E. Jaques)가 쓴 사회학 분야에 관한 두 편의 논문들도 있다. 이처럼 클라인의 통찰력은 많은 학문 분야의 발달에 기여했다. 존스(Ernest Jones)는 글의 서문에서 다음과 같이 말했다 :

클라인이 생전에 자신의 업적이 확고하게 자리잡는 것을 볼 수 있었다는 사실은 개인적으로 축하받을 일이며, 크게 만족스러운 일이기도 하다. 그녀의 업적은 확립되었다. 이를 받아들인 사람들의 통찰력과 더불어 그녀의 개인적인 교육의 결과로서, 가장 깊은 심층심리를 탐구함에 있어서 그녀의 입장을 따르는 동료들과 제자들이 상당히 많아지게 되었다.[141]

정신구조와 발달에 대한 이론의 확립과 함께 그녀의 생의 업적이 완수되었다고 생각하는 사람들이 있을지 모르나, 실은 그렇지 않았다. 1957년의 시기심에 대한 논문과 「시기심과 감사」(*Envy and Gratitude*)[142]라는 짤막한 책에서, 그녀는 정신분석학적 학문세계를 뒤흔드는 새로운 논쟁을 불러일으킨 또 하나의 가설을 제기했다.

시기심의 개념은 물론 클라인 이전의 정신분석학적 이론과 실제에서 이미 사용되었던 것이었으나 그 의미에 있어서 유사 개념인 질투(jealousy)나 경쟁심(rivalry)과 명료하게 구분이 되지 않은 상태였다. 프로이트와 다른 학자들이 여성성과 출산에 대한 소년의 시기심을 부정적인 오이디푸스 갈등의 일면으로 언급했음에도 불구하고, 어린 소녀의 페니스에 대한 시기심(또는 페니스 선망)의 경우에만 시기심은 질투와 구별되는 감정으로서 취급되었다. 이는 기본적으로 매우 중요한 개념이므로 프로이트는 이것을 여성에게서 나타나는 부정적인 병리적 반응과 정신분석이 종결되지 못하는 문제의 근원이라고 생각했다. 멜라니 클라인은 초기의 연구에서도 시기심의 분석을 매우 중요하게 생각했다. 그녀는 소녀에게서 나타나는 페니스에 대한 시기심을 매우 중요

---

141 Preface to *New Directions in Psycho-Analysis* (1955). Reprinted as Appendix to *Writings* Ⅲ, p. 341.

142 *Writings* Ⅲ, p. 176-235.

하게 생각했고, 프로이트가 생각했던 것보다 훨씬 더 복잡한 것
으로 보았다. 그녀는 "초기 불안의 관점에서 본 오이디푸스 콤플
렉스(The Oedipus Complex in the Light of Early Anxieties, 1945)"라
는 논문에서 어린 소녀의 페니스에 대한 시기심을 양성애의 표
현이며, 프로이트가 설명했던대로 당연히 존재하는 것으로 보았
다. 그러나 클라인은 시기심이 강화되는 두 가지 근원이 있다고
주장했다. 그 중 하나는 어머니의 몸에 대한 소녀의 시기심으로
서, 어머니의 몸은 초기 오이디푸스 콤플렉스 단계에서 아버지의
페니스와 아기를 갖고 있다고 느껴진다. 따라서 페니스와 관련된
어린 소녀의 첫 번째 시기심은 어머니에 대한 시기심과 관련이
있다. 시기심의 두 번째 근원은 성적 관계에서 아버지의 페니스
를 소유하고자 하는 욕망이 좌절되는데서 기인한다. 클라인은 어
린 소년의 발달과정에 있어서도 페니스와 아기를 갖고 있는 어
머니의 몸에 대한 소년의 시기심이 부정적 오이디푸스 콤플렉스
를 일으키는 중요한 요소라고 강조했다.

그러나 클라인은 자신의 새로운 글에서 시기심을 가장 기본적
이고 원초적인 감정의 하나로 꼽았다. 그녀는 시기심이 가장 초
기 유아기에 처음으로 발생하며, 기초적이며 원초적인 형태로 젖
가슴을 향한다는 견해를 이론으로 정립했다. 어머니의 사랑과 보
살핌, 그리고 어머니가 주는 음식은 유아에게 감사의 원초적인
형태인 만족감과 이러한 음식, 사랑, 안락함이 자신 바깥에 있다
는 깨달음에 따르는 시기심 및 적대감의 두 가지 반응을 불러일
으킨다. 이러한 감정들은 신체적인 수유 경험에만 관련되는 것은
아니다. 유아에게 젖가슴은 신체와 정신 모두를 구성하는 근원적
자료가 된다 ; 유아는 젖가슴을 이상화하고 이를 사랑, 이해, 지혜,
창조의 근원으로 경험한다. 왜냐하면 젖가슴은 유아의 고통스러
운 상황을 만족스럽고 행복한 상황으로 변화시켜 줄 수 있기 때

문이다. 젖가슴을 통해 만족을 느낄 때, 유아는 젖가슴이 그 무언가를 무한히 많이 갖고 있다고 느끼면서 풍족한 젖가슴에 대해 시기심을 갖게 된다. 그러나 역설적으로 시기심은 또한 좌절과 상실에 의해 조장될 수도 있다. 유아는 환상 속에서 젖가슴을 이상화하기 때문에, 자신이 만족을 충분히 느끼지 못할 때는 젖가슴이 자체의 풍족함을 혼자서만 즐긴다고 여길 수 있다.

클라인의 환자는 두 번째 면담에 오지 않았고, 그래서 세 번째 면담도 빠질까봐 걱정하고 있었다. 불만에 가득 찬 태도로 다시 분석을 받으러 와서 그녀는 다음과 같은 꿈을 보고했다:

그녀는 음식점 테이블에 앉아 있었다; 그러나 아무도 그녀에게 주문을 받으러 오지 않았다. 그녀는 줄을 서서 먹을 것을 직접 가져오기로 했다. 그녀의 앞에는 두어 조각의 작은 케익을 집어든 여자가 서 있었는데, 그 여자는 그것을 가지고 도망쳤다. 그 환자도 또한 두어 조각의 케익을 집었다.[143]

그 환자는 케익의 이름을 말하는 것을 망설였는데, 처음엔 그것을 *"petite Frau"* ─ Frau Klein ─ 를 연상시키는 *"petit fru"* 라고 하였다.

두어 조각의 *petits fours* 를 가지고 도망친 분석가는 주지 않는 젖가슴뿐만 아니라 **자신만 배부르게 먹는** 젖가슴을 상징한다.

따라서 젖가슴에 대한 시기심이 좌절에 더해진 것이다. 이 시기심은 강한 적대감을 불러일으킨다. 왜냐하면 아기보다 자기 자신을 더 사랑하고 자신만 배부르게 먹는 어머니는 이기적이고 나쁘게

---

143 Ibid., p. 205.

느껴지기 때문이다.

시기심뿐만 아니라 질투도 좌절에 더해진다.

분석적 상황에서 그녀가 면담에 오지 않았을 때, 그녀는 내가 그 시간을 혼자 즐겁게 보냈거나 혹은 내가 자신보다 더 좋아하는 다른 환자에게 시간을 내주었을 것이라고 생각했다. 꿈속에서 그녀 앞에 서 있었던 여자는 내가 자신보다 더 좋아하고 있다고 그녀가 생각하는 다른 경쟁자를 의미하는 것이다.

클라인은 질투(jealousy), 시기심 (envy), 탐욕 (greed)을 조심스럽게 구분했다. 시기심은 질투보다 더 원초적인 것이다 ; 이는 부분 대상관계(part-object relation)에서 형성되며, 삼자 관계(triangular situation)와 관련되어 있지 않다. 시기심은 순전히 파괴적이고, 사랑과 존경의 대상을 겨냥한다. 질투는 오이디푸스적 삼자 관계에 속한 좀 더 섬세한 감정으로서 사랑에 근거하고 있으며, 경쟁자에 대한 증오는 욕망의 대상에 대한 사랑으로 작용한다. 클라인은 크랩(Crabb)의 「동의어 사전」(*English Synonyms*)을 인용하여, 질투는 고상한 것일 수도 있고 비열한 것일 수도 있는 반면 시기심은 언제나 비열하다고 말하고 있다. 탐욕 또한 시기심과 구분되어야 한다. 탐욕은 대상이 지니고 있는 풍부한 모든 것을 소유하려고 하는 것에 초점을 맞추고 있다. 탐욕으로 인한 손상은 의도적인 파괴의 결과가 아니다. 그러나 시기심의 직접적인 목적은 대상의 속성을 파괴하는 것이다. 시기심을 유발하는 속성이 파괴되면 더 이상 고통스러운 시기심을 느끼지 않아도 된다는 점에서 이러한 시기심의 파괴는 방어적인 측면 또한 지니고 있다. 따라서 대상을 망가뜨리는 것은 시기심의 표현이자 시기심에 대한 방어이다. 탐욕은 주로 내사에 의해 작용하고, 시기심은 파괴적인 투사적 동일시에 의해 작용한다.

물론 이 세 가지 종류의 감정은 서로 연관되어 있고 상호작용한다. 다루기 어려운 탐욕의 요소와 망가뜨리는 측면은 시기심을 은폐하기 위한 것일 수도 있다. 또한 망가뜨리기 위해 탐욕적일 수 있다. 즉 탐욕은 시기심에 대한 방어로 사용될 수도 있는 것이다. 이것은 자신이 모든 것을 소유하면 더 이상 부러워할 필요가 없다는 환상에 근거하고 있다. 과도하게 병적인 질투는 그 안에 시기심을 숨기고 있는 것일 수도 있다. 원초적 시기심이 과도하지 않을 경우, 그 시기심은 경쟁자가 지닌 어떤 속성에 대해 부러워하는 오이디푸스적 현상으로 보기 쉬우나 실제에 있어서 그것은 사랑받는 대상에 대한 질투심으로부터 분출되는 것일 수 있다. 예를 들어, 아버지의 페니스는 아버지에게 어머니의 성적인 파트너가 되도록 해주기 때문에 시기심의 대상이 된다. 한편, 시기심이 과도할 경우에 그 반대가 된다. 경쟁자의 속성들은 시기심의 대상이 되고, 대상을 소유하고자 하는 욕구는 기본적으로 대상에 대한 욕망에서가 아니라, 그보다 우선하는 경쟁자에 대한 시기심으로부터 추구된다. 질투의 구성 요소인 강한 시기심은 오이디푸스 콤플렉스의 운명에 깊은 영향을 미친다. 어머니에 대한 시기심이 강할 때, 어린 소녀에게 있어서 아버지는 사랑 받는 대상이기보다는 어머니의 부가적인 속성으로서 요구되는 욕망의 대상이 된다. 이것은 또 성인 여성으로 하여금 남성이 다른 여성과 친밀한 관계에 있을 때에만 그와 친밀한 관계를 맺기 원하는 삶의 패턴을 조장한다. 어린 소년의 경우, 어머니에 대한 지나친 시기심은 부정적인 오이디푸스 콤플렉스로 이어질 수 있고, 그 이후에는 여성과 좋은 관계를 맺지 못하게 되거나 혹은 동성애로 이어질 수 있다. 페니스에 대한 시기심은 보다 원초적인 젖가슴에 대한 시기심에 의해 더 깊은 영향을 받는다. 이때, 유아는 시기심의 대상인 젖가슴으로부터 이상화된 페니스를 향해 그 관심을 돌리는데, 이상화된 페니스는 다시 말해 본래의 젖가슴에 대한 시기심을 전달하는 역할을 하게 된다. 이와 같이 페니스에 대한 시기심이 다른 원천들(1945)[144]에 의해 강화되기도 하지만, 기본적으로 이것을 독립적인 것으로 간주했던 클라인의 초기 견해는 페니스에 대한 과도한 시기심의 근원을 젖가슴에 대한 유아의 시기심으로부터 찾아야만 한다는 가정으로 대체 되었다.

시기심은 아주 초기 유아기부터 작용하기 때문에, 만일 과도할 경우, 이는 기본적으로 편집-분열적 자리와 우울적 자리의 병리적 요인이 된다. 우울적 자리에 대한 설명에서 클라인은 항상 좋고 신뢰할 만한 대상으로서의 젖가슴의 내사 — 자아와 도움이 되는 초자아의 핵 — 를 강조했다. 시기심은 대상의 좋은 면을 공격하기 때문에 그러한 내사를 당연히 방해한다. 편집-분열적 자리에서 좋은 것과 나쁜 것 사이의 분리는 좋은 젖가슴이 내사되는데 대한 전제조건이다. 그런데 시기심은 좋은 대상을 공격하고 파편화함으로써 나쁜 것으로 만든다. 따라서 이것은 좋은 것과 나쁜 것 사이의 혼동을 가져오는데, 이것은 많은 정신병리적 혼동의 근원이기도 하다. 이상적인 젖가슴을 공격하는 시기심은 자아를 튼튼하게 하는 좋은 대상의 내사과정을 방해한다. 이는 고통스러운 악순환을 초래한다. 좋은 내적 대상이 많이 파괴될수록 자아는 더욱 더 허약해지며, 허약해진 자아는 다시 더욱 강한 시기심을 불러일으키고, 시기심을 대상에게 투사함으로써 시기하는 초자아(envious superego)를 낳는다. 프로이트가 정신장애의 근원으로 보았던 지나치게 엄격한 초자아(oversevere superego)는

---

144 "The Oedipus Complex in the Light of Early Anxieties,"*Writings* I.

정신분석에서 종종 시기하는 초자아로 드러난다. 즉 이러한 공격은 개인의 공격성을 악화시킬 뿐만 아니라, 개인의 진취적이며 창조적인 능력에도 장애가 된다.

편집-분열적 자리에서 시기심은 대상에 대한 투사를 통하여 계속 박해불안을 유지시키고 가중시키며, 바람직한 내적 대상의 형성을 방해하며 불안을 극복하는 것을 더욱 어렵게 만든다. 우울적 자리에서 시기심은 죄책감의 박해적 측면을 유지, 가중시키고 절망감을 더하여 준다. 좌절로 인한 분노는 감사의 감정이 생길 때 극복될 수 있다. 질투는 질투 대상의 사랑에 의해 완화될 수 있으며, 오이디푸스적 상황에서 사랑의 대상이기도 한 경쟁자에 대한 감정을 수용함에 따라 완화될 수 있다. 그러나 바로 그 사랑 받는 대상의 좋은 점에 의해 자극된 시기심은 완화되지 않는다. 이 시기심은 강렬한 죄책감과 절망감을 불러일으키며, 또한 이에 대한 보상을 방해한다. 따라서 손상되지 않고 통합된 원래의 상태로 대상을 완전하게 복구하는 회복충동은 시기심과 공존할 수 없다. 다만 대상이 부분적으로만 복구되고, 자아가 대상에 대해 여전히 우월한 위치에 남아 있는 조적 보상만이 시도될 수 있다.

지나친 시기심은 강한 불안과 고통을 야기시킴으로써 편집-분열적 자리에서 우울적 자리로의 점진적인 발달단계를 저해하는 강력한 방어를 조장한다. 편집-분열적 자리에서 시기심이 강하면 투사가 증가하고, 대상의 가치가 평가절하되며, 시기심은 평가절하된 대상 안으로 투사된다. 따라서 편집적 불안이 증가하며, 이를 방어하기 위해서 분열이 다시 강화될 수 있고, 박해감을 완화시키기 위해 대상을 과도하게 이상화하기도 한다. 이 과도한 이상화는 이상적인 대상의 점진적인 통합을 저해하고, 과도한 이상화를 통해 갑작스럽게 형성된 이상적인 대상은 박해감에 대한 부인(denial of persecution)에 기초해 있으므로 지나치게 경직되고 불안정한 특성을 갖게 된다. 과도한 이상화는 시기심을 가중시켜 악순환을 거듭하므로 이상화된 대상은 증오와 박해의 대상으로 급속히 전환될 수 있다. 이는 젖가슴으로부터 또 다른 대상, 즉 페니스로의 조숙한 이동을 야기시키며, 결국 조숙한 성적 발달을 가져온다. 클라인은 정신병적인 아동 딕[145]의 분석에서 이 조숙한 성적 발달을 주시했으나 이를 시기심에 대한 방어로 보지는 않았다. 그 보다는 모든 감정을 차단하는 다른 분열적 기제의 작용과 함께 시기심의 세력을 저지하는, 사랑과 존경 등의 긍정적 감정이 강하게 억압된 현상으로 보았다.

우울적 자리에서, 좋은 대상이 시기심으로 가득 찬 공격을 받고 그 가치가 평가절하되면 죄책감과 절망감이 야기되고, 그 결과 좋은 대상과 나쁜 대상의 통합은 더욱 더 어려워진다. 우리가 위에서 언급한 대로 손상된 대상을 회복시키는 보상 과정이 방해받게 되고 조적 방어기제가 강화된다.

정신분석 상황에서, 시기심과 이에 대한 방어기제가 결합될 때 부정적인 병리적 반응이 야기된다. 이 반응들은 일상적으로 일어나는 발달과 퇴행 사이의 동요로부터 심각한 반응들에 이르기까지 매우 다양하다. 클라인은 그 예로 분석 과정에서 외적인 문제를 흡족하게 해결한 환자의 사례를 인용한다. 분석의 어느 단계에서 그는 이전의 분석이 자신의 불안을 불러일으켰다고 불평하였다. 그는 자신의 문제를 해결하기 위한 과정이 필요하다는 것을 깨닫고 괴로워했다. 그가 분석가의 도움이 필요하다는 사실과 이것을 깨닫게 된 사실이 그의 시기심을 자극했고, 이로 인해 그

---

145 "The Importance of Symbol-Formation in the Development of the Ego," *Writings* I.

는 분석가를 평가절하하고 거부하고 싶은 마음을 갖게 되었다. 그에게서 이러한 종류의 반응은 계속해서 반복적으로 분석되어 야만 했다. 클라인은 심각한 조울증을 앓는 여자 환자의 사례에 서 환자의 이러한 매우 극단적인 반응에 대해 묘사했는데, 그녀 는 분석기간 동안 성공적인 성과를 거두었다. 그때 그녀는 다음 과 같은 꿈을 꾸었다.

꿈에 그녀는 나무 꼭대기 위에서 요술 융단을 타고 공중에 떠 있었다. 그녀는 아주 높이 떠 있었기 때문에 창문을 통해 방안을 들여다 볼 수 있었다. 그 방안에는 소 한 마리가 아주 길다란 모포 조각처럼 보이는 무언가를 우적우적 먹고 있었다. 같은 날 밤 그녀 는 바지가 젖는 꿈도 잠깐 꾸었다.[146]

소는 분석가를 상징하는데, 이는 젖을 먹여주는 어머니에 대한 이미지이다.

그 꿈에서 아주 길다란 모포 조각은 끝없이 계속되는 말을 나타 내고 있으며, 이 말들은 정신분석 과정에서 내가 한 모든 말들을 뜻한다. 환자는 이제 내가 그 말들을 주워 삼켜야 한다고 생각하고 있는 것이다.[147]

환자의 성공적인 분석 성과에 의해 위협받은 분석가는 이전에 자신이 했던 말을 취소해야만 했다. 젖은 바지는 분석가에 대한 소변기적 공격(urinary attacks)을 나타낸다. 이 환자가 받은 분석

---

146 *Writings* Ⅲ, p. 207.
147 Ibid., pp. 207-208.

적 도움은 강한 시기심을 불러일으켰으며, 이는 원초적인 젖가슴을 상징하는 분석가에 대한 평가절하와 파괴로 이어졌다. 좋은 내적 대상의 파괴와 박해, 그리고 이로 인한 죄책감은 심한 우울적 상태를 초래했다. 이 환자는 치료의 진행과정에서 심각하고 부정적인 병리적 반응을 반복적으로 되풀이하였다.

시기심이 강할 때, 이것은 분열(split off, 무의식으로 떨어져 나감)될 수 있으며, 심각한 병리로 발전하지는 않는다 하더라도, 허약한 성격이 형성되고 좋은 내적 대상과의 모든 관계가 불안정하게 느껴질 수 있다. 그 분열된 시기심을 통합하는 단계에서 엄청난 불안이 생긴다. 정상적인 사람에게도, 이러한 무의식으로 떨어져 나간 시기심이 정신병적 불안과 방어기제를 불러일으키며, 이는 정신병에 대한 두려움으로 표출된다. 클라인은 언니와 어머니를 향해 느끼고 있던 시기심에 대해 점차적으로 분명하게 깨닫게 된 환자의 사례를 예로 들었다.

> 그녀는 혼자 어떤 여자와 기차에 타고 있었는데, 그 여자는 등을 돌리고 있었고, 객실의 문에 기대있는 모습이 객실 밖으로 떨어질 것처럼 아주 위험하게 보였다. 환자는 한 손으로 그 여자의 벨트를 잡았고, 다른 한 손으로는 '의사가 이 곳에서 환자를 보고 있으므로 누구도 방해하지 말라'는 취지의 주의 사항을 창문에 써 붙였다.[148]

그녀의 연상은, 그녀가 꽉 잡은 대상이 자신의 정신병적인 부분을 나타낸다는 것을 보여주었다. 정신병적인 부분은 언니와 어머니의 젖가슴에 대한 시기심과 연관되어 있다. 그녀가 그 여인

---

148 Ibid., p. 209.

의 벨트를 꽉 잡고 있는 모습은 정신병적인 부분을 통합하고자 하는 욕망을 나타낸다. 그리고 그녀의 경우, 이러한 시기심을 통합함으로써 언니를 재평가하게 되었고 그녀에 대한 사랑이 회복되었다. 자신의 정신병적 부분 가운데 일부분이 언니에게 투사되었는데, 그녀는 언니를 신경증적이라고 생각하곤 했다. 그러나 자신의 감정에 대해 이해하고 난 뒤 언니를 재평가하게 되었으며, 자신 안의 분리된 부분도 점차적으로 통합하게 되었다. 그러나 그녀는 이러한 자신의 모습을 통찰했을때 처음에는 몹시 충격을 받았고, 정신병이 발병하지 않을까 두려워하였다.

시기심은 초기에 젖가슴과의 의존적인 관계 안에 있는 모든 유아에게서 작용한다. 바람직한 발달에서, 시기심은 좋은 경험이 가져다주는 사랑과 감사에 의해 극복된다. 시기심이 사랑과 감사에 의해 완화되면 유아는 이제 시기심을 감당할 수 있게 되고, 분리하거나 투사할 필요성이 적어진다. 우울적 자리에서 시기심은 사랑에 의해 수정되어 오이디푸스적 질투심의 요소가 된다. 그리고 이 시기심은 경쟁심이라는 통합된 감정으로 변화된다. 정신분석 과정에서 분리된 시기심이 분석되고 통합될 때, 정신분석적 관계와 환자의 전체적 성격은 자유로워지고 윤택해진다.

일부 유아들에게서 나타나는 과도한 시기심을 어떻게 설명할 수 있을까? 모든 발달단계에서 그렇듯이 확실히 외적 환경은 매우 중요한 역할을 한다. 클라인은 좌절이 어떻게 시기심으로 이어지는지를 역설적으로 설명했다. 그녀의 동료들이 제기한 다른 요소들도 역시 중요한 역할을 했다. 예를 들어, 과도하게 자기애적인 어머니는 유아의 투사에 응하지 않고 자신을 이상화된 대상으로 간주하기 때문에, 자신과의 관계 안에 있는 유아를 지속적으로 평가절하시킨다. 이로 인해 유아의 시기심은 강화된다. 그러나 클라인은 아이마다 내적으로 다른 선천적인 요인이 있다는 점도 강조하였다. 이 점에서 클라인은 선천적으로 강한 구강기적 요소에 대해 언급하는 아브라함의 입장을 따르는데, 그녀에게 있어서 이 선천적인 요소는 바로 구강기적 시기심(oral envy)이다.

클라인은 생애 후기에 발견한 것들과 과도한 시기심이 선천적인 것일 수도 있다고 확신하면서 정신병리에 대해 낙관적이었던 자신의 견해를 어느 정도 수정하였다. 그녀는 시기심에 대한 분석과 분리된 시기심의 통합이 부정적인 병리적 반응을 극복하게 할 수 있으며, 따라서 분석과정을 더욱 효과적으로 만든다고 믿었다. 그러나, 동시에 그녀는 어떤 경우에 있어서, 시기심은 변화될 수 없는 선천적인 요소에 근거하며, 그것은 너무나 강력해서 통합이 불가능하다고 생각했다.

그녀의 저서와 이에 앞서 쓰여진 논문은 논쟁을 불러일으켰다. 유아는 시기심과 같은 섬세한 감정을 감당할 능력이 없으며, 유아가 분노와 좌절은 느낄 수 있지만, 좋은 경험에 대한 시기심은 느낄 수 없다는 논쟁이 있었다. 또한 클라인은 '시기심'의 이론으로 재구성한 원죄(original sin)의 교리로 되돌아갔으며, 일반적으로 유아에게 너무나 많은 책임을 부과한다고 비판 받았다. 어떤 면에서, 이는 출생시에 자아와 대상에 대한 의식이 얼마나 있느냐라는 문제에 대한 논쟁의 연속이기도 하다. 즉 선천적인 공격성이 어린아이의 삶에 중요한 역할을 한다는 견해와 공격성이란 순전히 반동적인 것이라는 견해 사이의 논쟁이 다시 일어난 것이다. 시기심에 관한 클라인의 가설은 원초적 자아와 대상 관계에 대한 다른 견해와 양립할 수 있다. 그녀가 말하는 원초적인 시기심과 프로이트가 말하는 원초적인 자기애 사이에는 어느 정도 관련이 있다. 프로이트는 대상에 대한 증오가 사랑보다 더 깊은 것이라고 말했다. 생명의 근원이 자신 밖에 있음을 깨달은 아이는 자기애적 분노로 반응한다. 이 자기애적 분노는 파괴적인 시기심으로 보일 수 있다. 그러나 프로이트는 자기애가 원초적이며 오래 지속되는 것으로 보았고, 자기애적인 분노는 후기 항문기에만 나타난다고 보았다. 반면에 클라인은 대상관계가 처음부터 자기애와 공존하며, 시기심은 초기 구강기에 경험된다고 보았다. 자기애는 시기심에 대한 방어로서 강화될 수 있으며, 지나친 자기애는 원초적이라기보다는 방어적인 것으로 볼 수 있다. 클라인은 증오가 사랑보다 더 깊은 것이라고 생각하지 않았다. 그녀가 자신의 이론에서 공격성을 지나치게 강조한다는 비판을 받았음에도 불구하고, 프로이트와는 달리, 사랑이 생의 초기부터 존재하고, 정신적인 성장과 통합을 이룩하는 과정에서 핵심적인 역할을 하는 것으로 보았다.

제 12장

말 년

　「시기심과 감사」(*Envy and Gratitude,* 1957)는 정신분석 이론의 발달을 위한 멜라니 클라인의 마지막 공헌에 해당한다. 그녀는 생애 마지막 4년 동안에는 그다지 많은 논문을 쓰지 않았다. 그녀는 자신의 이론적인 작업이 완결되었다고 느끼면서, 1958년에 "정신 기능의 발달에 관하여(On the Development of Mental Functioning)"[149]라는 초심리학적인 논문을 집필했다. 그녀는 여기에서 죽음본능과 생명본능의 갈등에 관한 프로이트의 이론을 재론하면서, 자신은 이 문제를 생물학적인 관점에서 다룬 것이 아니라, 사랑과 증오의 본능적 기초라는 심리학적 관점에서 다루었다고 강조하였다. 그녀는 대상관계, 생명본능과 죽음본능이라는 관점에서 정신구조 이론을 전개하였다. 이 논문에는 한 가지 놀랍고 새로운 사실이 포함되어 있었다. 그녀의 초기 논문들에서는 원초적인 대상, 즉 이상적인 부분 대상 및 박해적인 부분 대상이 초자아의 근원이며, 이것이 우울적 자리에서 통합된다고 강조한 반면, 이 논문에서는 초자아가 처음부터 어느 정도 통합을 이루고 있으며, 그러한 원초적 대상들은 분열되어 그녀가 "깊은 무의

---

149 *Writings* Ⅲ, pp. 236-46.

식"이라고 서술한 것으로 남아있다고 주장했다. 이것을 "초자아"
라고 불러야 하는가라는 문제는 단순한 용어상의 문제를 넘어서
는 중요한 문제이다. 초기 논문들에서 클라인은 그러한 원초적
대상이 통합될수록, 그리고 불가피하게 남아 있는 부분 대상관계
와 관련하여 분열의 정도가 약할수록, 개인의 정신건강의 예후가
좋다고 강조하였다. 그러나 여기서는 그와 반대로, 그러한 원초적
대상들은 분열되어야만 하고 이러한 분열에 실패했을 때, 즉 분
열된 원초적 대상이 갑작스럽게 의식의 표면으로 떠오를 때 정
신병적 장애가 발생한다고 주장했다. 그녀는 이러한 견해를 이전
의 견해들과 비교하거나 대조하지는 않았다. 따라서 사실상 그녀
가 이 문제에 대한 생각을 바꾼 것인지 그 여부는 확실하지 않
다. 그보다는 그녀가 이 점에 대해서 이론적인 설명을 충분히 전
개하지 않았기 때문에 모순점에 대해서 자각하지 못했던 것으로
보인다. 아마도 그녀의 생각은 이상적인 자아 통합의 상태는 결
코 성취될 수 없으며, 원초적 박해 대상은 분열된 채로 남아 있
고, 따라서 쟁점이 되는 것은 자아의 통합된 부분과 남아 있는
편집-분열적 대상간의 상대적인 힘의 문제이다. 만일 분열된 부
분, 즉 자아의 통합되지 않은 부분이 지나치게 강하면, 이는 자아
의 통합된 부분을 침범하고 파괴할 수 있다.

　이 논문은 그녀의 다른 논문들과는 달리 순전히 이론적인 문
체로 쓰여졌기 때문에, 효과적인 논문은 되지 못했다. 그녀의 업
적과 이론은 실제적인 임상 자료와 밀접하게 연관되어 있는데,
편집-분열적 자리와 우울적 자리에 관한 이론조차도 임상적인
개념에 근거하고 있으며, 임상적인 경험과 밀접하게 연관되어 있
다.

　이 논문과는 별도로, 그녀는 정신분석가가 아닌 일반인들을 위
한 몇 안되는 논문 가운데 하나인 "성인 세계의 근원으로서의

유아기(Our Adult World and Its Roots in Infancy, 1959)"[150]라는 논문을 썼는데, 이는 사회학자들을 대상으로 한 강연 내용이었다. 여기서 그녀는 어린이의 내적 세계를 형성하는 초기 관계가 그의 전반적인 세계관의 토대를 이루며, 이것은 다시금 성인의 개인적인 관계뿐만 아니라 사회적인 관계도 결정한다고 설명하였다. 그녀는 **오레스테이아**(Oresteia, 역주. 희랍신화에 나오는 인물)[151]에 관한 논문을 쓰기 시작했는데, 살아있는 동안에 이를 완성하지는 못했다. 그녀는 1959년에 코펜하겐에서 열린 제 21회 학회에 마지막으로 참석하였다. 이 학회에서 그녀는 정신분열증 환자에게서 나타나는 우울증세에 관한 토론을 위해 짤막한 글을 기고했으며, "고독에 관하여(On the Sense of Loneliness)"[152]라는 논문을 발표했다. 그러나 그 논문이 만족스럽지 못했기 때문에 죽기 직전까지 작업을 계속했다. 이 논문은 분명히 점점 깊어지던 자신의 고독감과 관련되어 있었다.

시기심에 대한 논문을 집필하고 있는 동안, 그녀는 우울증이 깊어지고 비관주의에 점점 더 깊이 빠져들고 있었다. 그녀는 자신이 새롭게 정립한 이론들이 세상에서 받아들여지고 존속될 수 있을 것인지에 대해 몹시 불확실하게 생각했으며, 정신분석의 미래와 더 나아가 세상에서 가치가 존속될 수 있을 것인지에 대해 매우 비관적으로 생각하였다(이 시기는 또한 모든 사람들이 핵전쟁으로 인해 매우 불안해하던 시기였다). 이 시기에 그녀가 전개한 심리학 이론의 성향은 프로이트의 이론적 성향과 매우 유사한 것이었다. 프로이트는 「문명과 그 불만」(Civilization and Its Discontents)에서 죽음본능에 관해 다루면서 매우 비관적이 되어

---

150 Ibid., pp. 247-63

151 "Some Reflections on *The Oresteia*" (1963), ibid., pp. 275-99.

152 Ibid., pp. 300-13.

갔다. 마찬가지로, 죽음본능의 표현이라고 생각했던 시기심에 관한 클라인 자신의 연구 또한 그녀의 비관주의를 가중시켰다. 그러나 아마 다른 요인들도 작용했을 것이다. 그녀는 자신의 비서이자 오랜 친구였던 롤라 브룩(Lola Brook)의 죽음을 매우 슬퍼했다. 그리고 "분열성 기제들에 대한 해설(Notes on Some Schizoid Mechanisms)"과 「시기심과 감사」가 발간될 즈음엔 그녀의 절친한 동료이자 지지자였던 파울라 하이만과의 우정이 깨어졌다. 하이만과 클라인 간의 주된 견해차로 인해 두 사람은 개인적인 적의까지 품게 되었고, 두 사람 모두 괴로움을 겪었다. 그리고, 프로이트와 마찬가지로, 클라인 역시 임박해 오는 죽음의 위협으로 인해 자신의 업적이 존속될 수 있을 것인지에 대한 두려움이 증폭되었을 수도 있다. 그러나 클라인의 이러한 비관주의적인 국면은 오랫동안 계속되지는 않았다. 그녀가 남긴 미완성의 자서전에서 그녀는 미래에 대한 자신감을 점차로 회복하고 있다고 말했다; 그녀는 많은 제자들과 추종자들이 자신의 이론에 기초하여 창조적인 연구에 전념하는 것을 보고 크게 용기를 얻었다. 그녀는 많은 친구들과 동료들의 개인적인 지지에 만족해 했다. 그녀는 또한 점점 어른이 되어 가는 손자들을 보며 행복해 했는데, 특히 맏손주인 마이클(Michael)과의 사이가 각별하였다. 그녀는 자신의 아들, 며느리와도 사이가 가까웠지만, 그 누구도 그녀와 학문적인 관심을 함께 나누지는 않았다. 반면에, 그녀의 업적에 많은 관심을 가졌던 마이클은 성인이 되어 장래가 유망한 과학자가 되었다. 후에 그가 쓴 글에 따르면, 그에게 있어서 클라인은 어린시절의 좋은 할머니 그 이상이었다. 그는 그녀의 위대함에 경의를 표했으며, 그녀와의 가까운 관계에 자부심을 느꼈다.

그럼에도 불구하고, 그녀의 고독감은 점점 깊어져가고 있었다. 그녀는 그 주제에 관한 논문을 끝까지 완성시키지 못했다. 그 논문에서 그녀는 고독감의 여러 가지 병리적 근원에 대해 다음과 같이 묘사하고 있다 ; 대상의 상실에서 오는 우울한 느낌, 그리고 자기 자신과의 단절로 인한 깊은 외로움을 야기시키는 분열상태 등이 그것이다. 이러한 것들은 건강한 성격을 가진 사람조차 피할 수 없는 것으로서, 클라인은 다시 인간 본연의 본질적인 고독감 문제로 돌아왔다.

생애 마지막 몇 년 동안에 그녀는 임상활동을 점차 줄여서 1960년에는 단지 세 명의 환자들만을 분석하고 있었지만, 지도감독, 교육, 사적인 세미나 등의 다른 활동들은 그대로 유지하였다. 그녀는 영국학회(British Society)에서 주관하는 과학적 학술모임에 정기적으로 참석했으며, 토론에도 적극적으로 참여하였다. 그러나 그녀의 주된 관심사는 「어린이 정신분석에 관한 서술」 (*Narrative of a Child Psycho-Analysis*)을 집필을 하는데 있었다. 그녀는 자신의 주된 견해들을 답습하는, 종래의 것과 같은 논문은 더 이상 쓰지 않겠다고 생각한 동시에, 그때까지 완성하지 못한 한 가지 일이 남아 있다고 느꼈다. 그것은 그녀가 면담한 환자들의 면담 상황을 상세하게 기록한 임상자료를 책으로 출판하는 것이었다. 이것은 그녀 자신의 실제적인 치료작업이 완전하고 정확하며 신뢰할 만하다는 것을 보여주기 위한 것이었다. 그녀는 임상자료의 요약 발췌록이나 면담 기록의 여기 저기에서 뽑은 간단한 임상자료는 물론이고, 매우 긴 발췌록조차도 분석가의 생각을 충분히 전달해주지 못한다고 생각했다. 왜냐하면 그녀는 자신의 업적에 대한 많은 비평들이 자신의 실제적인 작업에 관한 이해가 전혀 없는데서 비롯된 것이라고 생각했기 때문이었다. 사실상 정신분석적인 관계의 발전 과정을 글로서 전달하는 것이 매우 어려운 일이기 때문에, 아마도 어느 정도의 오해는 불가피했을 것이다. 그래도 그녀는 적어도 근거 있는 비판이 제기되었을 때, 그에 대해 거의 완벽한 설명을 제시하기를 원했다.

전쟁 중에 피트로크리(Pitlochry)에서 지내는 동안, 그녀는 가족과 함께 그곳에서 4개월 간 머물렀던 열 살 된 소년 리챠드를 분석했다. 그녀는 훗날 리챠드의 면담과정을 책으로 펴내기 위해서 면담의 진행과정을 매우 상세하게 기록했다. 사실 그녀에게는 이와 같은 계획을 추진할 수 있는 시간적인 여유가 충분치 못했다. 생의 말년에는 더 적은 수의 환자를 분석했으며, 과도한 정신분석 작업이나 새로운 아이디어를 창출해야 한다는 부담에서 벗어나 있었기 때문에 홀가분한 마음으로 리챠드의 분석을 기록하는 일에 전념할 수 있었다. 그 전까지는 새로운 아이디어에 대한 관심이 리챠드의 면담기록을 책으로 펴내는 일보다 항상 우위를 차지하고 있었다. 리챠드의 분석은 특별히 그녀의 의도에 잘 들어 맞았다. 분석 횟수가 총 93회로서 분석기간이 비교적 짧은 사례였기 때문에, 책의 분량이 지나치게 방대하지 않으면서도 분석 내용을 전부 다 실을 수 있었다. 또한, 리챠드가 생기발랄하고 상상력이 풍부하며 협조적인 아이였기 때문에 그의 자료는 어린아이의 환상과 그녀의 치료 기술을 설명해 주는데 아주 적합했다. 분석가와 환자 모두가 상대적으로 시간이 아주 짧다는 사실을 인식하고 있었기 때문에, 어떤 면에서 이 분석은 전형적인 것이 아니었고, 치료 환경 또한 특수했다 ; 클라인은 이때 자기 소유의 마땅한 놀이방도 없이 때로는 그 방을 다른 생활지도 상담원들과 함께 사용하고 있었다. 피트로크리는 작은 마을이었다 ; 그 소년은 클라인에 관해 알고 있었으며, 그들 사이에는 지나칠 정도로 우연한 만남이 많았다. 그러나 이러한 결점에도 불구하고, 그녀는 이 분석이 근본적으로 자신의 정신분석학적 기술의 원칙을 충실하게 따르고 있으며, 자신의 업적을 상세히 보여주는데 사용될 수 있다고 생각했다.

리챠드의 부모는 점점 심각해져가는 아이의 불안과 우울증을 치료하기 위해 그를 데리고 클라인에게 왔다. 이러한 증세는 그가 학교에 다니기 시작했던 여덟 살 때에 두드러졌다. 그는 다른 아이들을 두려워했으며, 학교에 가기 싫어했고, 점점 혼자서 밖에 나가는 것조차 두려워했다. 그는 또한 지나치게 부모에 대해 걱정하고 염려하였으며, 종종 건강염려증적인 증세를 보였고 우울해했다. 그는 여자와는 아주 잘 지냈는데, 여자들과의 관계에서는 다소 유혹적이고 비위를 맞추는 경향이 있었다. 분석이 진행됨에 따라 가장 분명하게 나타난 것은 우울적 자리와의 투쟁이었다. 수유기간이 짧았고 불만족스러웠기 때문에, 리챠드는 젖가슴과 어머니에 대해서 매우 양가적인 감정을 가지고 있었다. 리챠드는 자신의 환상 속에서 일어나고 있는 어머니와 젖가슴에 대한 공격으로 인해 감당할 수 없을 만큼 심각한 우울증에 빠졌다. 어머니에 대한 그의 적대감은 아버지와 관련된 오이디푸스 콤플렉스로 인해, 그리고 그의 형과, 나아가서는 아직 태어나지 않은 환상 속의 아기에 대한 질투로 인해 점점 더 커졌다. 그는 분열 (splitting) 기제를 사용하여 자신의 고통스러운 상황에 대처했다. 그는 어머니의 젖가슴을 이상화하였으며 자신의 모든 적대감을 아버지와 아버지의 페니스에게로 돌렸다. 그에게 어머니의 상은 아버지와 연합된 성기를 지닌 공포스럽고 나쁜 대상으로 자리잡고 있었다. 다른 아이들과 성인 남자들에 대한 두려움은 그가 어머니의 몸 속에 있는 아기와 아버지의 페니스를 공격했다는 환상과 관련되어 있었다. 어머니에 대한 양가감정을 다룬 이러한 방법은 그의 오이디푸스 콤플렉스의 발달과정에 지대한 영향을 끼쳤다. 무의식 속에서 아버지는 리챠드가 젖가슴에 대해 느꼈던 분열된 증오의 표적이었다. 즉 리챠드의 환상 속에서 아버지는 나쁘고, 증오스런 대상이었으므로 그는 아버지와의 오이디푸스 경쟁에 대처할 수가 없었던 것이다.

리챠드를 분석하는 과정에서 클라인은 우울적 자리와 오이디푸스 콤플렉스의 관계를 설명할 수 있게 되었다. 그리고 어떻게 오이디푸스 질투가 더해짐으로써 젖가슴에 대한 유아의 양가감정이 증가되는지, 그리고 반대로 젖가슴과의 관계가 어떻게 오이디푸스 콤플렉스의 과정에 결정적인 영향을 끼치는지 보여주었다. 클라인이 "초기 불안의 관점에서 본 오이디푸스 콤플렉스 (The Oedipus Complex in the Light of Early Anxieties)"[153]라는 논문에서 제시한 많은 자료들은 리챠드의 분석으로부터 온 것이다 ; 그리고 「어린이 정신분석에 관한 서술」에서는 이론을 해명할 수 있는 임상적인 기초를 자세히 제시하고 있다.

「어린이 정신분석에 관한 서술」은 흥미로운 읽을 거리를 제시했다. 이 책을 통해 어린이의 내면세계, 환상, 불안 ,방어, 여기에서 일어나는 점차적인 변화, 특히 분리의 감소 등에 관한 진상이 밝혀졌다. 이러한 과정의 결과로서 리챠드는 이상적인 젖가슴과 나쁜 아버지(히틀러로 나타나는)와 융합되어 나타나는 남성의 성기를 지닌 공포스런 어머니의 상 대신에 차츰 부모를 하나의 인간으로 인식하게 되었다. 이 새로운 관계는 그의 질투심을 불러일으키긴 하지만, 부모에 대한 그의 사랑을 파괴하지는 않는 것이었다. 특히, 아버지와의 관계가 변화되었으며 억압되었던 아버지에 대한 사랑과 존경심이 살아나게 되었다.

시기심에 대한 이러한 설명은 클라인이 「어린이 정신분석」에서 제시한 것보다 더욱 상세한 분석기술에 대한 이해를 제공했다. 독자는 조화와 균형에 대한 그녀의 섬세한 감각에 감탄하게 될 것이다. 여기에는 전이의 해석으로부터 실제 부모와의 관

---

153 *Writings* I. pp. 370-419.

계에 대한 해석으로 자연스럽게 옮겨가는 이동 과정이 제시되어 있으며, 내부적 요인과 외부적 요인 사이에 균형 감각이 유지되고 있다. 그녀가 오로지 환상만을 해석하였으며 외부적인 현실은 고려하지 않았다는 비판과는 반대로, 리챠드의 면담 사례는 그녀가 그에게 영향을 끼친 많은 외부적인 사건들을 고려하고 있음을 보여준다. 아버지의 부재와 다시 돌아옴, 형의 방문, 어머니의 병, 그리고 때로는 좋기도 하고 나쁘기도 했던 전쟁의 소식과 더불어 온갖 종류의 다른 많은 사건들은 항상 그 배경에 내재되어 있으면서 리챠드의 불안을 가중시키거나 반대로 그에게 희망을 주기도 했다. 클라인은 항상 이러한 외부적인 요인을 어린이의 환상과 연결시켰으며, 어린이 환상이 어떻게 사실을 왜곡하는지를 보여주었고, 그러한 사건에 대해 해석해 주었으며, 외부적인 사건들이 어떻게 어린이의 불안을 가중시키고 감소시키는지에 대해서도 설명해 주었다. 그녀는 또한 과거 사건에 대한 해석과 현재 사건에 대한 해석 사이에 균형을 맞추었으며, 리챠드에게 그가 외부관계에서 경험했을 뿐만 아니라 클라인에 대한 전이에서도 반복해서 경험한, 이유(離乳)와 같은 과거의 경험이 내적 대상관계에 어떻게 영향을 끼치는지를 설명해 주었다.

면담자료에 상세히 주석을 다는 것과는 별도로, 클라인은 거의 모든 면담에 후주를 첨가했다. 그때에 그녀는 1940년에 수행했던 작업을 회고하면서 이것을 새로운 시각에서 평가했다. 그녀는 여러 곳에서 자신의 기술에 대해 그리고 때로는 그 기술이 그렇게 엄밀하지 못했던 점에 대해서 비판했다 ; 그리고 현시점에서 자신의 해석이 어떻게 보다 더 진전되었는지에 대해 보여주었다. 예를 들어, 그녀는 과거에 명료하게 이해하지 못했던 개념인 투사적 동일시를 한 예로서 지적하였다. 또한 가장 중요한 사실은

그녀가 리챠드의 면담에서 여러 차례 드러난, 시기심의 역동적인
힘을 재조명한 것이었다. 이전에 그녀는 이 역동적인 시기심의
힘에 대해 가끔 해석했을 뿐, 결코 일관성 있게 끝까지 밀고 가
지 못했다. 돌아보면 우리는 리챠드가 클라인의 분석기술에 매우
관심이 많았으며, 이에 대해 양가감정을 지니고 있었다는 점을
알 수 있다. 분석가의 분석기술에 대한 존경심이 즉시 젖가슴을
공격하는 상징적 놀이로 변하는 순간들이 반복되었다. 클라인은
이와 같은 파편화와 분열 현상을 후에 편집-분열적 자리의 특징
으로 기술했다. 젖가슴에 대한 리챠드의 시기심은 특히 그것의
창조성과 관련되어 있었다. 리챠드가 새롭고 계몽적이며, 흥미롭
다고 느낀 클라인의 해석들은 그의 공격을 유발하는 것처럼 보
였으며, 종종 그러한 상황에서 그는 아기들로 가득 채워져 있는
젖가슴에 대해 묘사했다. 예를 들어, 66,[154] 67[155]번째 면담은 이러한
점들을 보여주는 전형적인 예들이다.

66번째 면담에서 리챠드는 분석 작업에 대해 매우 긍정적인
전이와 이해를 보여주었다. 리챠드는 클라인이 그 전날 자신이
어머니에게 표현했던 감정과 정확히 일치하는 무엇인가를 해석
했을 때 놀라곤 했다. 그는 후에 이러한 작업이 자신에게 도움을
주었다고 말했다. 면담이 끝나갈 무렵, 그는 클라인을 바라보면서
그녀를 매우 좋아한다고 말했다. 그러나 그의 정신 안에서는 그
러한 사랑과 존경의 감정과 병행하여 의식으로부터 분열된 공격
(split-off attacks)이 행해지고 있었다. 예를 들어, 리챠드가 그린 그
림과 관련해서, 클라인은 그 그림이 젖가슴에 대한 그의 욕구를
보여주고 있으며, 젖가슴을 두고 경쟁하는 그와 아버지의 성기를

---

154 *Writings* Ⅳ p. 326.
155 Ibid., p. 332.

상징하고 있다고 해석해주자, 리챠드는 클라인을 쳐다보면서 그녀를 매우 좋아한다고 말했다. 그러나 곧 이어서 자신이 어떤 요리사를 "무례하고 뻔뻔스러운 늙은 거지"[156]라고 부른 적이 있다고 덧붙였다. 그는 계속해서 클라인의 어깨에 팔을 두르며 그녀를 사랑한다고 말하고는, 창문 너머로 마당에 있는 닭을 바라보면서 "멍청한 늙은 닭"[157]이라고 소리질렀으며, 늙은 여자가 지나가자 "심술쟁이 노파"[158]라고 소리질렀다. 결국 클라인에 대한 사랑과 존경심의 표현은 그녀에 대한 적대감을 불러일으켰고, 이것이 클라인에게 향하지 않도록 하기 위해 요리사—그에게 음식을 주는 사람으로 젖가슴을 상징하는—를 향해 격렬한 공격을 퍼부은 것이다. 그녀는 이러한 공격을 좌절에 대한 반응이라는 관점에서 해석하였으며, 이 면담에서는 이러한 것들을 시기심과 연관짓지 않았다. 그러나 클라인은 후에 이것이 자신에 대한 사랑과 존경심을 느낄 때마다 리챠드를 자극한 시기심이었다는 사실을 깨닫게 되었다.

다음 면담에서 그는 약속 시간보다 2분 늦게 도착했고, 클라인에게 2분을 더 있게 해달라고 요청했다. 그녀가 그 2분을 그가 잃을까봐 두려워하는 두 개의 젖가슴을 상징하는 것으로 해석하자, 그는 활기를 띠며 "그걸 알아내다니 선생님은 꽤 영리하시군요…"[159]라고 말했다. 그리고는 곧 아이스 링크를 그렸고, 그 안에 사람들을 나타내는 많은 점들을 그려 넣었으며 그 사람들이 빙판을 긁고 있다고 말했다. 그는 또한, 이 그림을 "중국인의 항거(Chinese Protest)"[160]라고 불렀던, 그가 예전에 그린 또 하나의

---

156 Ibid., p. 329.
157 Ibid., p. 331.
158 Ibid.
159 Ibid., p. 332.

그림과 연관지었다. 그 "중국인의 항거"라는 그림은 소변과 대변
을 사용한 공격을 나타내는 것이었다. 클라인은 그의 그림과 생
각이 젖가슴-아이스 링크를 공격하는 또 하나의 "중국인의 항
거"일 수도 있다고 해석하였으며, 이 공격성을 이유(離乳)와 관
련된 박탈 경험과 연관지었다.

곧 그의 임상자료는 그가 환상 속에서 어머니의 뱃속에 있는
아기까지 공격하고 있음을 보여주었다. 클라인은 이 모든 행동들
을 박탈 경험과 새 아기에 대한 질투로 인한 젖가슴에 대한 분
노와 관련지었다. 그 면담의 후반 즈음에 리챠드는 기차역을 그
렸는데, 그는 이를 "블루잉(Blueing)"이라고 불렀다. 그는 자신이
말하는 파란색이란 하늘색을 의미한다고 말하면서 클라인을 가
리켰다. 그녀는 "잉(ing)"이라는 말에 대해서 무엇인가 이야기할
것이 있는지 물어보았다 ; 그는 모른다고 했고, 클라인은 이것이
잉크를 상징하는 것일 수도 있다는 의견을 내놓았다. 리챠드는
웃으면서, 자신은 그것을 알지만 그렇게 말하기는 싫다고 했다.
하늘색은 리챠드에게 있어서 이상적인 어머니의 젖가슴을 나타
내는 것이었다. 그가 냄새 난다고 한 잉크는 그의 배설물을 의미
했다. 따라서, 클라인은 그에게 그의 배설물을 통한 공격으로부터
하늘색의 어머니를 보호하고 분리시키려는 바램을 나타내고 있
다고 해석해 주었다. 그 해석을 듣고 난 후, 리챠드는 타원형 안
에 두 개의 큰 원과 하나의 작은 원을 그려넣고, 타원형 바깥에
두 개의 원을 그리고는 그것들을 모두 점으로 뒤덮었다. 그 다음
에, 타원형 안에 더 많은 점들을 찍고, 이를 갈고, 눈을 번득이면
서 격분한 표정을 지었다. 클라인은 두 개의 원은 그녀 자신과
리챠드 어머니의 젖가슴을 나타내며, 리챠드는 그것들을 이빨로

---

160 Ibid., p.333.

갈고 물어뜯으며, 페니스로 상징되는 연필로 찌르고, 소변으로 공격한 것이라고 해석했다. 그녀가 리챠드에게 타원형 안의 것들이 무엇이냐고 묻자 그는 주저하지 않고 알(egg)이라고 말했다. 클라인은 이것을 어머니의 몸과 뱃속의 아기에 대한 공격으로 해석하였으며, 이를 새로 태어나는 아기에 대한 질투심과 연관시켰다. 이번에도 역시 우리는 2분이 의미하는 것이 무엇인지에 대한 클라인의 이해, 그리고 "잉(ing)"이 잉크를 의미한다는 그녀의 추측 등에 대한 리챠드의 존경심이 다시금 아기로 가득한 젖가슴에 대한 환상과, 그 젖가슴을 분열시키고 파편화시키는 공격 환상을 불러일으켰다는 사실을 알 수 있다. 이 면담에 대한 주석에서 클라인은 리챠드에게 박탈감과 질투심이 분명히 작용하였지만, 그것을 안도감과 존경심의 표현에 이어서 뒤 따라오는 시기에 찬 공격 환상으로 다시 해석해 주어야 했다고 덧붙였다.

　이러한 종류의 임상자료와 클라인이 후에 주석에서 덧붙인 상세한 설명을 통해서 우리는 그녀의 원초적 시기심의 개념이 이론화되는 과정을 잘 알 수 있다.

　클라인은 「어린이 정신분석에 관한 서술」에 많은 시간과 세심한 정성을 쏟았다. 그녀는 죽기 전에 이것을 완성하게 된 것을 매우 다행스럽게 여겼으며, 건강이 악화되어 마지막으로 병원에 입원했을 때 그 원고의 교정지를 받았고, 건강이 호전되었을 때는 마지막 교정을 보면서 시간을 보냈다.

　「어린이 정신분석에 관한 서술」은 클라인이 성취한 대단한 업적으로 판명되었다. 클라인이 의도한 대로, 이것은 잠재기의 아동을 분석하기 위한 그녀의 분석 기술을 완전하게 이해할 수 있도록 했을 뿐 아니라, 그 이상으로 그녀의 사고의 발달 과정을 보여주었고, 그녀의 이론적인 생각들이 어떻게 실제적인 임상적 경험으로부터 도출되었는가를 설명해주고 있다.

1960년 여름 학기가 끝날 무렵, 그녀는 매우 지치고 몸이 쇠약해지고 있다는 것을 느끼기 시작했다. 의사는 이러한 증세의 원인을 오진했다. 아마도 그녀의 담당 의사는 그녀의 피로가 과로와 그녀가 나이에 비해 지나치게 활동적이기 때문에 오는 자연스런 결과로 생각했던 것 같다. 그녀는 손자 마이클의 돌봄을 받으며 여름 휴가를 보냈는데, 마이클은 그녀의 건강 상태를 매우 걱정했다. 그녀는 몇 주 동안 제자이며 친구인 에스터 빅 부인 (Mrs. Esther Bick)과 함께 스위스에서 지냈는데 그동안 계속해서 몸이 쇠약해졌다. 결국, 그녀는 심한 출혈을 했고, 런던으로 돌아와서 암수술을 받기 위해 대학병원에 입원하였다.

병원에서 그녀는 안정을 되찾았고 회복을 기대하고 있었다 ; 그녀는 여전히 삶을 즐기고 있었고, 미래를 위한 많은 계획들을 세우며 죽는다는 생각을 받아들이지 않고 있었다 ; 그러나 다른 한편 그녀는 죽음에 대해서도 감지하고 있었으며, 죽음에 대비해 모든 준비를 해놓고 있었다. 그녀는 가까운 동료들에게 자신이 지도하던 제자들과 남은 환자들에 대한 상세한 지시사항들을 남겼다. 그리고 훗날 자신의 저서 출판에 관한 방침을 의논하였으며, 멜라니 클라인 재단 (Melanie Klein Trust, 정신분석학의 연구와 교육을 촉진할 목적으로 1955년에 설립)에 일체의 저작권을 넘겼다. 그녀는 「어린이 정신분석에 관한 서술」의 원고가 아주 특별히 세심한 교정을 거쳐야 한다는 생각을 분명히 했다. 그녀는 자신의 장례 절차를 의논하였고, 어떤 종류의 종교적인 장례의식도 원치 않는다는 점을 강조하였다. 그녀는 사람들에게 자신에 대한 잘못된 인상을 남기는 것을 원치 않았다.

수술은 성공적이었으며 부작용은 없었다. 그녀의 주치의, 가족,

친구, 그녀 또한 수술결과에 대해 매우 낙관적이었다. 그럼에도 불구하고, 수술이 끝난 며칠 후에 두 번째의 출혈이 있었고, 몇 시간 후에 그녀는 세상을 떠났다.

그녀의 나이와 병의 심각성에도 불구하고, 그녀의 죽음은 모두에게 놀라움과 충격을 안겨 주었다. 그녀는 마지막 순간까지 매우 활동적이며 창조적이었고, 친구들, 가족, 그리고 정신분석학 공동체와 좋은 관계를 맺고 있었기 때문에, 그녀의 죽음은 예상 밖의, 너무 빠른 일로 느껴졌던 것이다.

제 13장

멜라니 클라인 : 정신분석학에 끼친 영향

멜라니 클라인의 생각들은 정신분석학적 연구활동에 자극을 주었고 이에 기초한 새로운 연구들이 지금도 활발하게 진행되고 있다. 그런 점에서 그녀의 정신분석학 이론이 정신분석의 실제에 끼친 영향을 전체적으로 평가하기에는 아직 너무 이른 감이 없지 않다. 그녀의 연구가 치료 기술뿐만 아니라 인간의 마음을 이해하는데 필요한 정신분석학적 접근에, 즉 정신분석학적 세계관에 깊은 영향을 끼쳤다는 사실에는 의심의 여지가 없다. 그녀의 작업을 통해서 프로이트의 연구 결과는 많은 발달을 거쳤다. 프로이트 이론의 경향성 가운데 하나는 정신분석학을 생물학에 기초한 과학적 학문으로 확립하고자 하는 것이었다. 그가 경제적 관점이라고 불렀던 것, 즉 그의 첫 번째 본능이론 — 리비도 집중과 반리비도 집중, 본능의 방출, 방출의 차단으로 인한 퇴행 등 — 은 물리학자의 에너지 변형 모델에 기초한 것이었다. 다른 한편, 그의 오이디푸스 콤플렉스 이론과 실제의 많은 임상작업은 대상관계의 관찰과 분석에 근거한 것이었다. 이 두 가지는 물론 상반되는 것은 아니나, 이 두 요소 중에 어느 쪽에 더 강조점을 두느냐에 따라 정신분석학적 전망의 특성이 결정될 수밖에 없었다.

클라인은 프로이트의 마지막 본능이론에서 출발했지만, 프로이트와 달리 그 본능은 대상들과의 관계 안에 있는 사랑과 증오의 상호작용을 통해 그 자체를 표현한다고 보았다. 그녀의 작업은 성격을 결정하는 근본적인 요소를 묻는 물음에서 경제적, 물리학적 고려로부터 대상관계의 중요성으로 연구의 초점을 옮겨놓았다:

> 프로이트는 자신의 이론에서 대상관계가 존재하기 이전의 단계가 몇 개월 동안 존재한다고 가정하였다. 이때 유아는 리비도를 자신의 신체에 부착시킨 채로 충동, 환상, 불안, 그리고 방어들 없이, 대상과 관계를 맺지 않는 상태, 즉 **진공 속에서** 존재한다는 것이다. 그러나 아주 어린아이들의 정신분석을 통해서 내가 배운 것은 내적이건 외적이건 대상과 상관없는 본능적 충동, 불안 상황, 또는 정신과정이란 존재하지 않는다는 사실이다. 다른 말로, 대상관계가 정서적 삶의 **중심**에 자리잡고 있다는 것이다. 뿐만아니라, 사랑과 증오, 환상, 불안, 그리고 방어들은 처음부터 작용하고 있으며, 대상관계와 **뗄 수 없이** 연결되어 있다는 것을 깨달았다. 나는 이러한 통찰을 통해서 많은 현상들을 새로운 빛에서 바라볼 수 있게 되었다.[161]

이러한 연구 초점의 변화는 두 가지 다른 요인들과 연결되어 있다. 하나는 생후 처음 2년 동안이 갖는 중요성과 다른 하나는 환상의 역할이 갖는 중요성이다. 프로이트의 이론에 의하면 발달의 중심점은 3세 또는 4세 경의 오이디푸스 콤플렉스에 있다. 그는 이 시기에 나타나는 전-성기기적 특징을 주로 오이디푸스 콤플렉스로부터 퇴행한 현상으로 보았다. 이것은 대체로 프로이트

---

161 *Writings* Ⅲ, pp. 52-53.

와 아브라함이 대상관계가 남근기에 이르러서야 발달한다고 간
주했던 사실과 관련되어 있다. 사실, 프로이트는 본능의 첫 번째
대상을 젖가슴으로 보았다. 그러나 그는 유아가 곧 자신의 몸을
대상으로 삼는 자체-성애 단계로 옮겨간다고 주장했다. 그리고
전-성기기적 발달단계를 일차적으로 자체-성애와 자기애의 측면
에서 서술했다. 그에게 있어서 본능의 만족은 대상-추구와는 상
관이 없는 독립된 것이었다. 그러나 클라인은 대상-추구를 가장
근본적인 것으로 여겼으며, 자체-성애와 자기애를 대상관계의 변
천과정에 따른 결과로 보았다. 프로이트 역시 내적 세계의 존재를
발견했으나, 그것에 대한 설명은 하나의 내적 대상, 즉 초자아에
집중되어 있다. 그러나 클라인은 초기 유아기부터 발생하는 복잡
한 내적 대상관계로 구성된 내적 환상에 대한 상세한 연구를 통
해서 내적 대상에 대한 이해를 확장시켰다.

　프로이트는 자신의 이론을 세 개의 개념적 틀, 즉 서술적, 역동
적, 그리고 구조적인 개념적 틀을 사용하여 제시했다. 마음의 **지형
학적** 모델로도 알려진 서술적 개념은 의식, 전의식, 무의식이라는
정신의 층들에 대해 서술하고 있으며, 역동적 또는 **경제적** 모델은
본능과 정신 에너지의 변천과정에 대해 서술하고 있다. 또한 **구조
적** 모델은 자아, 초자아, 그리고 원본능 간의 상호작용에 대하여
서술한 것인데, 클라인의 편집-분열적 자리와 우울적 자리의 개
념은 이 구조적 이론을 확장한 것이다. 자아와 초자아 역시 이
구조적 측면에서 더 상세히 분석된다. 클라인의 이 확장된 구조
적 이론은 보다 정확한 진단적 도구를 제공해 주었다. 이것은 정
신병과 신경증 사이의 구별을 가능케 했으며, 이 두 영역이 만나
는 지점에 경계선 장애를 위한 자리를 만들어 줌으로써, 신경증
과 성격의 특성이 형성되는 현상을 편집-분열적 기능 양태로부
터 우울적 기능 양태로 발달해가는 과정에서 나타나는 것으로

이해하는 포괄적인 관점을 제공해 주었다. 이 관점은 분석의 진행과정을 측정할 수 있는 잣대를 제공해 주었으며, 뿐만 아니라 개별 면담 중에 발생하는 변천과정들을 평가할 수 있는 하나의 틀을 제공해 주었다.

클라인은 어린이 분석을 통해서 정신분석 기술에 영향을 끼쳤으며, 이것은 그녀의 추종자들과 제자들의 작업의 범위를 넘어선다. 그녀가 개발한 놀이치료 기법은 정신분석 놀이치료의 기초가 되었으며, 지금은 전세계에서 보편적으로 사용되고 있다. 연구의 초점이 방출을 추구하는 본능으로부터 대상관계로 옮겨지면서 성인의 정신분석에서 전이의 역할을 보다 크게 강조하게 되었으며, 치료 기법 역시 고전적인 프로이트 기법보다도 전이의 역할에 더 큰 비중을 두게 되었다. 정신분석 과정에서 나타나는 전이가 환자의 과거 사실을 재구성하는 것보다도 더 중심적인 관심 사항이 되었다. 이것은 프로이트 자신이 시작한 연구를 계속 이어서 발달시킨 결과였다. 프로이트는 처음에 "히스테리 환자는 주로 기억상실로 인해 고통받고 있다고 생각했으며,"[162] 전이를 기억의 재생으로 이해했다. 따라서 그는 전이를 기억으로 재전환시킴으로써 환자의 문제를 충분히 치료할 수 있다고 가정하였다. 그러나 나중에 그는 환자가 억압된 기억뿐만이 아니라 억압된 충동으로 인해 고통받고 있으며, 바로 이 억압된 충동이 전이 과정에서 재활성화됨으로써 환자는 그것을 극복할 수 있는 또 한 번의 기회를 갖게 되는 것으로 생각하게 되었다. 따라서 정신분석 과정에서 전이의 극복이 실제로 과거의 사건을 재구성하는 것보다 더 중요해졌다.

---

162 Breuer and Freud, "On the Psychical Mechanism of Hysterical Phenomena : A Preliminary Communication" (1893), *SE* Ⅱ, p. 7.

초기 대상관계와 무의식적 환상의 역할을 더욱 중요한 것으로
강조함으로써, 클라인은 전이가 원시적 환상 대상관계 안에 뿌리
내리고 있다는 사실을 깨닫게 되었다. 프로이트는 분석에서 깊이
묻혀진 성인 자신의 아동기 감정을 분석가에게 전이한다는 사실
을 깨달았다. 그런가 하면 클라인은 그 전이의 밑바닥에 아기의
감정, 환상 그리고 정신기제들이 존재한다는 사실을 깨달았다. 그
녀의 관점에서 볼 때, 전이는 투사와 내사에 기초해 있다. 제임스
스트레이치(James Stratchey)는 "정신분석에 있어서의 치료적 행동
의 본성(The Nature of Therapeutic Action in Psycho-Analysis)"[163]이라
는 자신의 논문에서 다음과 같은 모델을 제시했다: 환자는 분석
가에게 자신의 초자아를 투사한다; 분석가는 자신에게 투사된 내
용을 동일시하지 않으며 행동화하지 않는다; 분석가가 제공하는
공감적 반응은 초자아를 수정하고, 수정된 초자아는 다시금 내사
된다; 이처럼 치료를 성공으로 이끄는 요소는 변형을 가져오는
해석이다. 1934년에 스트레이치가 쓴 논문은 투사와 내사에 관한
클라인의 연구를 참조하고 있다. 편집-분열적 기제들과 두 자리
사이의 상호작용에 대한 클라인의 발견은 스트레이치가 제시하
는 모델을 확충했다. 편집-분열적 기제들과 조적 기제들은 모든
피분석가 안에서 다양하게 작용하며, 전이에서 자체를 드러낸다.

투사적 동일시에 대한 클라인의 이해는 분석가와 피분석가 사
이의 상호작용에 더욱 주의를 기울이게 했다. 그 개념은 분석가
로 하여금 환자가 자신에게 무엇을 투사하는지, 어떻게 그것이
분석가 자신에 대한 환자의 지각을 변화시키는지, 환자가 분석가
의 개입을 경험하는 방식에 어떻게 영향을 끼치는지에 대해 보
다 분명히 인식하게 했다. 예컨대, 만약 환자가 침묵한다면, 그것은

---

163 *Int. J. Psycho-Anal*. 15 (1934), pp. 127-86.

환자가 과거에 거절당하고 무시된 아동기의 경험을 분석가에게 투사하고 있는 것일 수 있다. 그리고 만약 그렇다면, 환자는 분석가가 침묵하는 것을 보복하는 것으로 경험할 것이며, 분석가의 해석에 대해 거절된 아이가 퍼붓는 공격으로 반응하거나 또는 분석가가 원치않는 감정들을 자신에게 강제로 재투사하는 것으로 경험할 것이다. 다시금, 내담자는 자신의 침묵을 통해서 자신의 우울을 투사하는 것일 수 있다. 그때 분석가는 소파 위에 누워 있는 생명 없는 대상을 만나게 될 것이고, 우울증을 경험하게 될 것이다. 그 우울증은 분석가가 대신 경험하지 않는다면 환자가 경험하게 될 것인데, 환자의 우울증은 그의 내면세계 안에 죽은 대상을 갖고 있기 때문이다. 편집-분열적 및 조적 기제들에 대한 점진적인 분석은 환자로 하여금 자신의 감정과 갈등을 진정으로 경험할 수 있도록 인도한다.

이와 마찬가지로, 중심적인 문제로 남아있는 오이디푸스 콤플렉스의 분석 또한 투사와 왜곡, 그리고 오이디푸스 콤플렉스를 전혀 경험하지 못하도록 가로막는 조적 및 분열적 방어들에 보다 세심한 주의를 기울이면서 수행된다. 클라인에 의해 개발된 기법은 어떤 점에서 매우 고전적인 것이다. 그녀는 프로이트가 고안한 정신분석 기법을 특별히 엄격하게 유지했다. 그녀의 기법은 이러한 분석 기법의 엄격성을 중요하게 생각했는데, 그것은 분석이 더욱 깊어질수록 분석 기법과 분석가의 치료적 입장의 안정성이 중요해지기 때문이다. 그러나 분석의 내용과 스타일은 발달과정을 거쳤다. 무의식적 환상의 역할에 대한 그녀의 견해는 해석의 스타일에 영향을 끼쳤다. 예컨대, 이 무의식적 환상에 대한 그녀의 견해는 현실에 대한 견해에 있어서 고전적인 기법의 견해와 다르게 평가하도록 이끌었다. 고전적 기법에서는 외부 현실과 관련된 환자의 의사소통을 정신분석 과정의 일부가 아닌 것으로 취급하는 경향성이 있었다. 그것들은 현실과 관계된 것이 므로 해석되지 않았다. 그러나 클라인은 현실과 환상이 상호간에 밀접하게 짜여져 있는 것으로 보았다. 보고된 사건이 아무리 "현실적"인 것으로 보이더라도, 무의식적 환상이 환자의 현실 경험에 어떻게 영향을 끼치고 채색하는지, 그리고 다시금 현실이 그 환상을 어떻게 변화시키는지를 알기 원한다면, 환자가 말하는 현실이 그의 환상 생활과 상호작용하고 있다는 사실을 고려해야만 한다. 이러한 인식은 전이의 해석을 보다 지속적이고 중심적인 것으로 만든다. 클라인의 견해에 의하면, 내적 대상들과의 관계는 모든 활동 안에 반영되고 있으며 모든 활동에 영향을 끼친다. 그러므로, 이 내적 대상들을 대표하는 분석가와의 관계는 현실에 대한 환자의 모든 관계에 결정적인 영향을 끼친다. 따라서 전이의 요소는 모든 의사소통에 있어서 가장 중요한 요소라고 할 수 있다.

클라인의 기법은 또한 방어기제들에 대한 새로운 접근방식을 차용한다. 고전적 정신분석에서는 방어기제들을 먼저 해석하고, 그 후에 아주 조심스럽게 방어되고 있는 갈등과 불안을 다루는 것이 가장 좋은 것으로 간주되어 왔다. 이러한 접근방식은 잠재적-정신병적 환자들의 분석에 있어서 일단 방어기제들이 분석되면, 환자들은 원시적 충동들과 환상들에 휩쓸리게 되고, 따라서 정신병이 발발하게 될 것이라는 견해를 갖게 했다. 그러나 클라인의 기법을 따를 때, 분석가는 클라인처럼 충동 대 방어의 측면에서가 아니라 무의식적 환상의 측면에서 자료들을 분석함으로써, 방어기제들과 그 근저에 있는 불안들 (즉 조적 환상들과 그것들이 연결된 우울한 환상들과 불안들)을 포함하여 역동적 환상을 해석하게 된다.

분석가의 목표는 방어기제를 해석하는 것과 동시에 불안을 줄이는데 있으며, 전이, 즉 대상관계를 지속적으로 해석함으로써 자연스럽게 이러한 과정이 일어나도록 하는데 있다. 분석가는 환자에게 그가 어떻게 불안과 죄책감을 불러일으키는 대상관계를 경험하는지, 그리고 고통을 피하기 위해 환상 속에서 그가 어떻게 그 대상관계를 변화시키는지 보여줄 수 있다.

이러한 접근방식은 또한 해석의 시기와 수준에 있어서 고전적 접근방식과 차이가 있다. 고전적 접근방식이 추천하는 것은 표면으로부터 심층으로 그리고 성기기적 수준에서 전-성기기적 수준으로, 특히 위험한 것으로 간주되는 구강기 수준으로 해석을 진행시키는 것이다. 그러나 클라인은 자신의 작업 초기부터 해석은 환자의 불안이 활성화되고 작용하고 있다고 생각되는 수준에서 진행되어야 한다고 주장했다. 말하자면, 만약 어떤 환자가 자신에 대한 분석을 시작하면서 누군가가 자신을 삼켜버리고 고갈시키고 있다고 두려워 할 때, 피상적인 해석보다는 구강기적 차원의 해석이 보다 적합하다는 것이다. 만약 환자가 처음부터 침범 당하거나 부당한 대우를 받고 있다고 두려워 할 때, 해석의 수준이 피상적일수록 환자의 불안을 해소시키지 못할 뿐만 아니라, 어떤 의미에서 더 위태로울 수도 있다는 것이다. 예컨대, 환자가 환상 속에서 자신의 성적 느낌을 분석가에게 투사하는 투사적 동일시의 상태에 있다면, 오이디푸스적인 성기기적 수준의 해석은 성적인 공격으로 경험되기 쉬울 것이다. 이때 오이디푸스적 자료를 안전하게 다루기 위해서는 그 전에 먼저 훨씬 더 원시적인 수준에 속하는 투사적 동일시에 대한 해석이 이루어져야 한다.

환자는 분석가에게 분열되거나 파편화되고 이상화된 대상과 파괴적이거나 파괴된 대상을 투사할 수 있으며, 또한 분열된 자기의 부분들을 투사할 수 있다. 이 투사된 부분들을 담아줄 수 있는 분석가의 능력과 다양한 요소들을 연결시켜주는 해석은 환자로 하여금 파편화된 것들을 한데 모으고, 분열된 것들을 재통합하며, 대상에게 투사되었던 자신의 부분들을 되찾을 수 있도록 돕는다. 이 모든 과정을 통해서 환자는 점진적으로 우울적 자리, 즉 통합된 대상과의 관계성 안에 있는 통합된 자기의 상태에 가까이 접근하게 된다.

이것은 클라인이 "현장 해석(일부 분석가들이 사용하는 기법으로서 과거에 대한 참조없이 환자와 분석가의 관계만을 분석하는 해석 방식)"을 선호했다는 말은 아니다. 그녀는 전이에서 환자가 과거의 경험에 의해 결정된 내적 세계를 분석가에게 투사한다는 사실과, 이때 전이과정에서 재생된 과거의 경험은 실제 과거 역사와의 관련속에서 인식되어야 한다는 사실을 알고 있었다. 내적 세계의 구조를 형성하고 있는 과거의 대상관계 경험들은 전이 안에서 재경험되며, 이 재경험을 통하여 출현한다. 전이 안에서 나타나는 이 대상관계 경험들의 출현이야말로 치료적 관계의 역동적 부분을 구성하고 있다.

클라인은 시기심이 치료 과정의 진전을 심각하게 방해한다는 사실을 발견함으로써 치료에 대한 부정적인 반응과 치료과정에서 나타나는 다른 형태의 저항을 다루는 정신분석 기법을 보다 세련되게 만들었다. 클라인의 연구는 정신분석적 치료가 가능한 환자의 범위를 확장시켰으며, 지금은 신경증과 정신병 사이의 경계형 상태에 속한 환자들을 비롯해서 정신병, 비행, 정신신체질환, 성격장애 등을 지닌 환자들이 정신분석 치료의 대상이 되고 있다. 이러한 깊은 병리를 지닌 환자들의 분석은 편집-분열적 기제들과 시기심의 역할에 대한 이해 없이는 불가능한 것이었다. 정신병 환자의 분석 기법은 아직도 발달 초기단계에 있는 것이 사실이지만, 클라인의 생각들은 추후의 탐구를 가능케 하는 이론적 틀과 기술적 접근 방식을 제공해 주었다.

정신병 환자와 마찬가지로 자기애적 환자 및 분열적 환자는 전이가 일어나지 않는다고 생각해 왔다. 분석가가 환자의 내적 대상관계와 자기애적 환자 및 분열적 환자의 병리 근저에 작용하는 투사적 동일시의 기능에 대해 이해할 때, 그는 전이의 정신병적 유형과 자기애적 유형을 구별하고, 분석 현장에서 그 유형에 따른 치료 방법들을 사용할 수 있는 능력을 갖게 된다.

클라인의 기법은 그녀의 직계 제자들과 추종자들에 의해 사용되고 더욱 발달되었지만, 그녀의 이론과 기법의 영향력은 "클라인학파"로 알려진 사람들의 범위를 너머 더욱 확산되었다. 지금은 수많은 분석가들이 종종 그 출처를 명료하게 인식하지 못한 채, 클라인의 생각으로부터 유래한 방법들을 가지고 분석에 임하고 있다.

클라인의 영향력은 또한 임상적 정신분석의 영역 너머로 확장되고 있다. 그녀의 두 자리 개념은 정신병리뿐만 아니라 건강한 정신 기능에 대해서도 새로운 빛을 던져주었으며, 많은 학문 분야에 유용하게 적용되고 있다. 이 두 자리 개념은 철학 분야에서 윤리학의 심리적 기초와 같은 문제들을 조명하는데 사용되고 있다. 정신 기구의 성장을 투사와 내사라는 관점에서 이해하는 그녀의 생각은 사고에 관한 이론에 큰 영향을 끼쳤으며, 승화와 창조성의 뿌리에 대한 그녀의 연구는 예술 비평과 미학 분야의 연구를 위한 자극제가 되었다. 그녀의 생각은 또한 집단 심리학과 사회학 분야에도 적용되었는데, 대상관계적인 그녀의 이론은 집단 현상에 관한 연구에 특별히 적합한 것이었다. 그녀의 개념들을 사용하는 정신분석은 집단과 사회제도들을 공동의 집단 방어를 사용하여 개인의 정신병적 불안에 대처하기 위해 생겨난 것으로 서술한다. 집단 안에서 작용하고 있는 방어기제들을 관찰하는 것은 어렵지 않다. 예컨대, 우리는 자신들을 이상화하고 나쁜 것을 외부로 전가하는 투사, 집단 내의 갈등을 양극으로 나누는 분열, 대집단 안에서 작용하는 조적 방어 등을 발견할 수 있다. 크고 작은 집단들이 이와 같은 방식으로 연구되었고, 이러한 연구로부터 도출된 결론들은 보다 광범위한 사회 구조들을 이해하기 위한 수단으로 조심스럽게 적용되었다.

클라인의 연구는 처음부터 많은 논쟁을 불러일으켰으며, 여러 해 동안 다양한 비판의 표적이 되었다. 그녀의 연구에 대한 가장 일관된 비판은 그녀가 생의 첫 두 해 동안의 유아의 삶을 지나치게 복잡한 것으로 보았다는 점이었다. 그녀의 연구 결과는 신경생리학의 연구 결과 및 피아제의 심리학적 연구 결과와 맞지 않는다는 이유로 기피되곤 했다. 그러나 이러한 비판은 오늘날 유아의 지각능력과 대상관계가 이전에 생각했던 것보다 훨씬 더 활발하다는 새로운 사실[164]이 밝혀지면서 그 근거가 희박해졌다.

또 한 가지 비판은 그녀의 이론이 증명되지 않았다는 주장이다. 이것은 정신분석적 증거를 어떻게 평가하느냐에 달려있는 문제이다. 그녀의 작업은 아직도 진행 중에 있다고 생각해야 한다. 그리고 정신분석은 자연과학이 요구하는 것과 같은 종류의 증거를 기대하지 않는 분야이다. 클라인은 프로이트가 초기 아동기의 "희미하고 어두운 영역"이라고 부른, 무의식의 보다 원시적 층에 속하는 영역을 열어주었으며, 그 영역을 이해하기 위한 개념적 틀과 연구를 위한 기술적 도구 모두를 제공했다.

---

164 E.g., H. R. Schaffer, *The Growth of Sociability* (Baltimore : Penguin, 1972) ; T. B. Brazelton, E. Tronick, L. Adamson, H. Als, and S. Weise, "Early Mother-Infant Reciprocity," *Parent-Infant Interaction*, Ciba Foundation Symposium 33 (Holland, 1975) ; M. R. Moore and A. N. Meltzoff, "Neonate Imitation : A Test of Existence and Mechanism," paper presented to the Society for Research in Child Development (Denver, Colorado, 1975).

클라인의 인간적인 면모를 서술하기란 쉽지 않다. 대부분의 창조적인 사람들이 그러하듯이 그녀는 여러 면모들을 가지고 있었고, 그녀에 대한 평가는 다양했다. 어떤 이들은 그녀를 따스하고 관용적이며 좋은 성격을 지닌 사람이라고 묘사했는가 하면, 다른 이들은 참을성 없고, 공격적이며, 요구적이라고 묘사했다. 그녀는 한 때 자신을 무엇보다도 매우 열정적인 성품의 소유자라고 서술했다. 그녀는 또한 자신의 열정적인 성격으로 인한 이른 결혼이 다른 계획들을 중단시켰다고 말하기도 했다. 결혼이 파경에 이른 후에 그녀는 어떤 한 사람과 오랫동안의 특별한 관계를 유지했고, 그것을 자신이 삶에서 경험한 위대한 사랑이라고 묘사했지만, 그것에 대해 알려진 것은 거의 없다. 그녀가 정신분석을 발견하고 나서 그녀는 정신분석에 심취했으며, 이렇듯 연구를 위한 열정과 헌신은 확실히 그녀의 주된 성격적 특징에 속하는 것이었다. 그녀는 아동기와 청년기에 매우 야심적이었다. 그녀는 자신이 그렇게 된 이유를 부분적으로 자신에게 걸었던 시도니와 엠마뉴엘의 기대를 충족시켜 주어야 했기 때문이라고 생각했다. 그러나 정신분석에 대한 그녀의 사랑과 관심이 커지면서 정신분석에 공헌하고 그것을 발전시키고자 하는 소망이 개인적 야망을 대신하게 되었다. 그녀의 마음을 사로잡은 것은 자신의 야망이 아니라 정신분석학의 미래였다. 그녀는 언제나 자신을 프로이트와 아브라함의 제자라고 생각했으며, 자신의 연구가 지닌 중요성과 가치에 대해 더욱 확신하게 되면서 자신을 그들의 가장 중요한 후계자라고 생각했다.

그녀의 열정적인 연구 활동은 그녀의 성격에 대해 많은 것을 말해 준다. 그녀는 종종 자신이 조언을 구했던 친구들과 제자들로부터 비평을 듣게 될 때 비교적 관용적이었고, 그 비판을 열린 마음으로 수용하기는 했지만, 이것은 다만 그들이 그녀의 연구가 지닌 근본적인 취지를 수용하는 경우에만 적용되었다. 그녀는 자신의 근본적인 취지가 공격받고 있다고 느낄 경우, 자신을 격렬하게 방어하곤 했다. 그리고 만약 자신의 친구라고 여겼던 사람들로부터 충분히 지원 받지 못할 때에는, 종종 지나칠 정도로 매우 비통해 했다. 예컨대, 그녀는 어니스트 존스로부터 엄청난 지원을 받았지만, 프로이트가 런던에 도착하고 논쟁적 토론이 시작되었을 때―비록 존스가 처했던 난처한 입장을 머리로서는 이해하였지만―그가 자신을 전적으로 지지해 주지 않았던 것에 대해 감정적으로 용납하지 못하는 자신을 발견했다. 그녀의 딸과, 후에 파울라 하이만과의 관계에 관해서는 자세하게 알려져 있지 않지만, 그녀가 오로지 연구에만 전념했던 것이 그녀의 딸과의 관계에 불행을 가져왔고, 하이만과의 견해차를 악화시킨 요인으로 보여진다.

클라인은, 비록 사적인 측면에서는 까다로운 사람이 아니었지만, 자신의 연구에 관해서는 타협을 모르는 성격의 소유자였다. 이 점에 있어서 그녀의 생각은 매우 분명했다. 그녀는 세상사가 그러하듯이 정신분석 집단에서도 정치적인 문제에 관한 한 타협은 필요한 것이고 유용한 것이지만, 학문적인 문제에 있어서의 타협이란 있을 수 없다고 말한 적이 있다. 즉 개인이 열린 마음으로 자신의 생각이 잘못된 것일 수도 있다는 가능성을 열어놓는 것은 개인이 취할 수 있는 최선의 태도이지만, 반대자의 마음을 달래고 아첨하기 위해 조금은 이럴 수도 저럴 수도 있는 것인 양 꾸며대서는 안된다는 것이다. 그녀는 개방적인 생각을 가치있는 것으로 여겼음에도 불구하고, 자신의 접근방식이 전적으로 옳다고 확신했으며, 다른 사람들이 자신의 의견에 찬성하지 않을 때는 크게 실망하곤 했다. 그녀는 말년에 자신이 프로이트를 따르고 있음에도 불구하고 그가 자신과 자신의 연구에 냉담한 태도를 보인 것에 대해 당혹스러워 했고, 그로 인해 깊은 상처를 입었다. 다른 누구보다도 자신이 프로이트와 동일한 입장을 가지고 정신분석학을 발전시켰다고 믿고 있었던 클라인은 그가 자신의 연구를 그렇게 보고 있지 않다는 사실을 받아들이기가 매우 힘들었다. 그녀는 프로이트가 자신의 딸을 지지하는 쪽으로 기울 것이라는 당연한 사실을 용납하지 못했다.

클라인은 자신과 다른 사람들에게서 매우 높은 수준의 작업을 기대했으며, 불성실하고 형편없는 작업에 대해 변명하는 것을 가장 참기 힘들어했다. 그때에 그녀는 가차없는 냉혹한 반응을 보이곤 했다. 한번은 국제학회에서 어떤 분석가가 환자가 분석가를 이상화할 때 그것에 빠져드는 위험에 대해 장황하게 설명하자, 클라인은 그 분석가에게 만약 환자의 이상화 근저에 놓여있는 편집적 불안과 부정적 전이를 이해하려고 노력했더라면, 그와 같은 자기-이상화의 위험은 걱정하지 않아도 될 것이라고 응답했다. 또 한번은 영국학회에서 분석가는 완전한 것을 추구해서는 안된다 — 분석가가 실패하는 것을 발견하는 것은 환자에게 유익한 것이고 분석가의 실패는 환자의 발달을 촉진시킨다는 주장이 제시되었을 때, 클라인은 분석가들이 자신의 실패와 실수들에 대해 스스로 축하할 수 있는 문제라고 생각한다면, 그것이야말로 분석가가 완전주의에 가까운 감정에 빠지는 것이라고 주장했다. 그녀는 최선을 다했음에도 불구하고 많은 실수를 범했던 자신을 발견했다. 그녀는 자신이 완전주의자라는 비난을 받았을 때, 문제는 실수를 하지 않는 것이 아니라 — 누구나 실수를 하기 때문에 — 그 실수들이 어떤 것인지를 인식하고 이를 수정하고자 노력하는 것이며, 그 실수들을 이론으로 만들어내지 않는 것이 중요하다고 말했다. 그녀는 일반적으로 비판할 때 목청을 높여 말했는데, 이 점이 동료들 사이에서 그녀를 항상 인기없는 존재가 되게 한 요인이 되었다.

그녀의 개인적인 면모에 있어서 가장 놀라운 점은 그녀가 자신의 생애 마지막 순간까지 따스한 인간미와 비범한 활력을 유지한 것이었다. 그녀가 보낸 마지막 여름 동안에 그녀는 자신이 피곤에 지쳐있다는 것과 너무 무리하게 일을 하지 말라는 의사의 진단과 관련된 사항들을 가까운 몇 사람에게만 이야기했다. 그들은 그녀를 매우 염려했으며 그녀에게 쉬라고 권유했다. 왜냐하면 그들은 그녀가 자신의 나이도 잊은 채 연구에 몰두하는 것을 그녀의 성격탓이라고 생각했기 때문이었다. 결국 그들의 생각이 옳았던 것으로 판명되었다.

그녀는 젊은 시절에 우울증을 앓았음이 분명함에도 불구하고, 이에 대해 별로 언급하지 않았다. 그녀가 처음으로 분석을 받게 된 것은 프로이트의 글을 읽고 큰 관심을 갖게 된 것과, 치료적 관점에서 볼 때, 자신에게 우울증이 있다는 이 두 가지 인식 때문이었다. 그러나 영국에 온 이후로 그녀에게서 우울증의 흔적을 찾을 수 없었다. 그녀는 활력이 넘쳤고 삶에 대해 풍부하고 많은 관심을 가지고 있었다. 그녀는 환자들을 치료하는 일과 저작활동이라는 두 가지 일 모두에 열심이면서도, 독서와 음악과 여행을 즐겼다. 그녀는 사람들을 자주 놀라게 했으며, 매우 엉뚱한 문제에 관심을 기울이곤 했다. 하루는 그녀의 동료 분석가가 불란서에서 포도주 농장을 하는 사람에게서 질문을 받았는데, 그는 런던에서 활동하는 멜라니 클라인이라는 정신분석가를 아느냐고 물었다. 그 사람은 그녀를 불란서의 한 지역에서 열린 포도주 맛보기 대회에서 입상한 유일한 여성으로 기억하고 있었다. 그 사실에 대해 클라인에게 물어보았을 때, 그녀는 자기 아버지 대로부터 포도주에 대해 많은 관심을 가지고 있었고 자신 또한 그 전통을 그대로 유지하고 있다고 말했다.

그러나 그녀의 주된 관심은 항상 사람들이었다. 그녀는 친구들에게 따스하고 사랑스런 존재였으며, 삶의 기쁨이 넘쳐나는 사람이었다. 심지어 노년기 동안에도 그녀는 파티, 영화, 연극에 초대되는 것이라면 언제라도 응할 준비가 되어 있었다. 그녀는 주위 사람들과 함께 있는 것을 즐겼으며, 그들과 지적, 예술적 관심들을 함께 나누곤 했다. 그녀는 또한 매우 여성적이었으며 많은 나이에도 불구하고 매우 매력적인 면모를 지니고 있었다. 젊었을 때 그녀를 알던 사람들에 의하면 그녀는 매우 아름다웠다고 한다. 마이클 발린트(Michael Balint)는 그녀가 베를린 정신분석계 안에서 "흑진주"로 알려져 있었다고 말했다. 나이가 들어서도 그녀는 아름다움을 계속 유지했으며 이를 위해 여성으로서의 몸단장을 게을리 하지 않았다. 그녀가 의복에 신경을 많이 썼기 때문에, 친구들 사이에서는 그녀가 학회에서 논문을 발표하는 순간이 다가오면 그녀의 모든 관심이 학회 때 어떤 모자를 쓸 것인지에 쏠렸고, 친구들이 그녀의 논문에 대한 관심만큼이나 그녀의 모자에도 관심을 가져주기를 원했다는 농담이 오고 간 적이 있었다. 그러나 그녀는 자기 중심주의자는 아니었다. 사람들에 대한 그녀의 관심은 그녀를 매우 잘 듣는 사람으로 만들었고, 친구들이 자신을 필요로 할 때면, 그녀는 언제나 그들을 위해 자신의 시간을 내 주었다. 그녀는 특히 어린아이들과 아기들과 함께 지내는 것을 즐겼다. 그녀는 아기를 데리고 자신을 방문하는 사람들을 좋아했으며, 아기가 하는 말을 "들으면서" 오랜 시간을 함께 보내곤 했다.

그녀는 사람들에게서 강렬한 감정을 불러일으키는 부류의 사람이었다. 그녀는 친구들과 가까운 동료들로부터 많은 사랑을 받았으며, 종종 그들에게서 열정적인 헌신을 불러일으켰다. 자신의 연구에 대해서 타협할 줄 모르는 그녀의 태도는 많은 적들을 만

들어내기도 했으나, 모든 역경을 견디어 내는 강인한 성격으로
인해 그녀는 거의 모든 사람의 존경을 받았다.

참고 문헌

WORKS BY MELANIE KLEIN

The works are ordered by date of first publication, and the number of the volume in which they appear in *The Writings of Melanie Klein* (London: Hogarth Press, 1975) is given in square brackets.

1921 "The Development of a Child." *Imago* 7 [I]

1922 "Inhibitions and Difficulties in Puberty." *Die neue Erziehung 4.* [I]

1923 "The Role of the School in the Libidinal Development of the Child." *Int. Z. f. Psychoanal. 9.* [I]
"Early Analysis." *Imago 9.* [I]

1925 "A Contribution to the Psychogenesis of Tics." *Int. Z. f. Psychoanal. 11.* [I]

1926 "The Psychological Principles of Early Analysis." *Int. J. Psycho-Anal. 7.* [I]

1927 "Symposium on Child Analysis." *Int. J. Psycho-Anal. 8.* [I]
"Criminal Tendencies in Normal Children." *Brit J. Med. Psychol. 7.* [I]

1928 "Early Stages of the Oedipus Conflict." *Int. J. Psycho-Anal. 9.* [I]

1929   "Personification in the Play of Children." *Int. J. Psycho-Anal.* 10. [I]
        "Infantile Anxiety Situations Reflected in a Work of Art and in the Creative Impulse." *Int. J. Psycho-Anal.* 10. [I]

1930   "The Importance of Symbol-Formation in the Development of the Ego." *Int. J. Psycho-Anal.* 11. [I]
        The Psychotherapy of the Psychoses." *Brit. J. Med. Psychol.* 10. [I]

1931   "A Contribution to the Theory of Intellectual Inhibition." *Int. J. Psycho-Anal.* 12. [I]

1932   *The Psycho-Analysis of Children.* London: Hogarth Press [II]; New York: Delacorte, 1975.

1933   "The Early Development of Conscience in the Child." *Psychoanalysis Today,* New York: Covici-Friede [I]

1934   "On Criminality." *Brit. J. Med. Psychol.* 14. [I]

1935   "A Contribution to the Psychogenesis of Manic-Depressive States." *Int. J. Psycho-Anal.* 16. [I]

1936   "Weaning." *On the Bringing Up of Children,* ed. Rickman. London: Kegan Paul. [I]

1937   "Love, Guilt and Reparation." *Love, Hate and Reparation,* with Riviere, London: Hogarth Press [I]; New York: Norton, 1964.

1940   "Mourning and Its Relation to Manic-Depressive States." *Int. J. Psycho-Anal.* 21. [I]

1945   "The Oedipus Complex in the Light of Early Anxieties." *Int. J. Psycho-Anal.* 26. [I]

1946   "Notes on Some Schizoid Mechanisms." *Int. J. Psycho-Anal.* 27. [III]

1948   *Contributions to Psycho-Analysis 1921–1945.* London: Hogarth Press. [I]
        "On the Theory of Anxiety and Guilt." *Int. J. Psycho-Anal.* 29. [III]

1950   "On the Criteria for the Termination of a Psycho-Analysis." *Int. J. Psycho-Anal.* 31. [III]

1952   "The Origins of Transference." *Int. J. Psycho-Anal.* 33. [III]
        "The Mutual Influences in the Development of Ego and Id." *Psychoanal. Study Child* 7. [III]
        "Some Theoretical Conclusions Regarding the Emotional Life of the Infant." *Development in Psycho-Analysis,* with Heimann, Isaacs, and Riviere. London: Hogarth Press. [III]
        "On Observing the Behaviour of Young Infants." Ibid. [III]

1955   "The Psycho-Analytic Play Technique: Its History and
        Significance." *New Directions in Psycho-Analysis.* Lon-
        don: Tavistock. [III]
        "On Identification." Ibid. [III]
1957   *Envy and Gratitude.* London: Tavistock [III]; New
        York: Delacorte, 1975.
1958   "On the Development of Mental Functioning." *Int.
        J. Psycho-Anal. 29.* [III]
1959   "Our Adult World and Its Roots in Infancy." *Hum.
        Relations 12.* [III]
1960   "A Note on Depression in the Schizophrenic." *Int. J.
        Psycho-Anal. 41.* [III]
        "On Mental Health." *Brit. J. Med. Psychol. 33.* [III]
1961   *Narrative of a Child Psycho-Analysis.* London: Hogarth
        Press [IV]; New York: Delacorte, 1975.
1963   "Some Reflections on *The Oresteia*." *Our Adult World
        and Other Essays.* London: Heinemann Medical. [III]
        "On the Sense of Loneliness." Ibid. [III]

WORKS BY OTHERS

Abraham, Karl. "A Short Study of the Development of the
    Libido, Viewed in the Light of Mental Disorders" (1924),
    in *The Selected Papers of Karl Abraham.* London: Hogarth
    Press, 1927.
Freud, Sigmund. *The Standard Edition of the Complete Psy-
    chological Works of Sigmund Freud.* James Strachey, gen-
    eral editor, in collaboration with Anna Freud, assisted by
    Alix Strachey and Alan Tyson. London: Hogarth Press,
    1963–74; New York: Macmillan, 1974. The following works
    are referred to in this book (*Standard Edition* volume num-
    bers in brackets):
    "On the Psychical Mechanism of Hysterical Phenomena: A
        Preliminary Communication" (1893). With Joseph
        Breuer. [II]
    On Dreams (1901). [V]; New York: Norton, 1963.
    The Psychopathology of Everyday Life (1901). [VI]; New
        York: Norton, 1971.
    "Fragment of an Analysis of a Case of Hysteria" (1905).
        [VII]
    "Analysis of a Phobia in a Five-Year-Old Boy" (1909). [X]
    "Psycho-Analytic Notes upon an Autobiographical Account
        of a Case of Paranoia (Dementia Paranoides)" (1911).
        [XII]; New York: Basic Books, 1959.

"Formulations Regarding the Two Principles of Mental Functioning" (1911). [XII]

"On Narcissism: An Introduction" (1914). [XIV]

"Instincts and Their Vicissitudes" (1915). [XIV]

"Mourning and Melancholia" (1917). [XIV]

"Introductory Lectures on Psycho-Analysis" (1916–17). [XV, XVI]; New York: Liveright, 1977.

"From the History of an Infantile Neurosis" (1918). [XVII]

"Beyond the Pleasure Principle" (1920). [XVIII]; New York: Norton, 1963.

"The Ego and the Id" (1923). [XIX]; New York: Norton, 1962.

"The Economic Problem of Masochism" (1924). [XIX]

"Negation" (1925). [XIX]

"Some Psychical Consequences of the Anatomical Distinction between the Sexes" (1925). [XIX]

"Inhibitions, Symptoms and Anxiety" (1926). [XX]

"Civilization and Its Discontents" (1930). [XXI]

"Female Sexuality" (1931). [XXI]

"New Introductory Lectures on Psycho-Analysis" (1933). [XXII]

"An Outline of Psycho-Analysis" (1940). [XXIII]

"Splitting of the Ego in the Process of Defense" (1940). [XXIII]

A Psycho-Analytic Dialogue: The Letters of Sigmund Freud and Karl Abraham. Hilda C. Abraham and Ernst L. Freud, eds. London: Hogarth Press, 1965.

Freud, Anna. The Psycho-Analytical Treatment of Children. London: Imago, 1946–56.

Jones, Ernest. "The Theory of Symbolism"; "Early Female Sexuality"; and "Female Sexuality," in Papers on Psycho-Analysis (fifth ed.). London: Ballière, Tindall, and Cox, 1948.

Wollheim, Richard. Sigmund Freud (Modern Masters series). New York: The Viking Press, 1971.

◇정기 간행물

· 정신분석 프리즘

◇대상관계이론과 기법 시리즈

멜라니 클라인
· 멜라니 클라인
· 임상적 클라인
· 무의식적 환상

도널드 위니캇
· 놀이와 현실
· 그림놀이를 통한 어린이 심리치료
· 성숙과정과 촉진적 환경
· 박탈과 비행
· 소아의학을 거쳐 정신분석학으로
· 가정, 우리 정신의 근원
· 아이, 가족, 그리고 외부세계
· 울타리와 공간
· 참자기
· 100% 위니캇
· 안아주기와 해석

로널드 페어베언
· 성격에 관한 정신분석학적 연구

크리스토퍼 볼라스
· 대상의 그림자
· 환기적 대상세계
· 끝없는 질문
· 그들을 잡아줘 떨어지기 전에

오토 컨버그
· 내면세계와 외부현실
· 대상관계이론과 임상적 정신분석
· 인격장애와 성도착에서의 공격성

◇대상관계이론과 기법 시리즈

그 외 이론 및 기법서
· 심각한 외상과 대상관계
· 정신분석학적 대상관계이론
· 대상관계 개인치료1: 이론
· 대상관계 개인치료2: 기법
· 대상관계 부부치료
· 대상관계 단기치료
· 대상관계 가족치료1
· 대상관계 집단치료
· 초보자를 위한 대상관계 심리치료
· 단기 대상관계 부부치료
· 대상관계이론과 정신병리

◇하인즈 코헛과 자기심리학 시리즈

· 자기의 분석
· 자기의 회복
· 정신분석은 어떻게 치료하는가?
· 하인즈 코헛과 자기심리학
· 하인즈 코헛의 자기심리학 이야기1
· 자기심리학 개론
· 코헛의 프로이트 강의
· 주관성의 구조
· 존재의 맥락

◇아스퍼거와 자폐증

· 자폐아동을 위한 심리치료
· 살아있는 동반자
· 아동 자폐증과 정신분석
· 아스퍼거 아동으로 산다는 것은?
· 자폐아동의 부모를 위한 101개의 도움말
· 자폐적 변형

◇ 비온학파와 현대정신분석

- 신데렐라와 그 자매들
- 애도
- 정신분열증 치료와 모던정신분석
- 정신분석과 이야기 하기
- 비온 정신분석사전
- 전이담기
- 상호주관적 과정과 무의식
- 숙고
- 윌프레드 비온의 임상 세미나
- 미래의 비망록
- 분석적 장: 임상적 개념
- 상상을 위한 틀
- 자폐적 변형

제임스 그롯슈타인
- 흑암의 빛줄기
- 그러나 동시에 또 다른 수준에서 I
- 그러나 동시에 또 다른 수준에서 II

마이클 아이건
- 독이든 양분
- 무의식으로부터의 불꽃
- 감정이 중요해
- 깊이와의 접촉
- 심연의 화염
- 정신증의 핵
- 신앙과 변형

도널드 멜처
- 멜처읽기
- 아름다움의 인식
- 폐소
- 꿈 생활
- 비온 이론의 임상적 적용
- 정신분석의 과정

◇ 정신분석 주요개념 및 사전

- 꿈 상징 사전
- 편집증과 심리치료
- 프로이트 이후
- 정신분석 용어사전
- 환자에게서 배우기
- 비교정신분석학
- 정신분석학 주요개념
- 정신분석학 주요개념2: 임상적 현상
- 오늘날 정신분석의 꿈 담론
- 비온 정신분석 사전

◇ 사회/문화/교육/종교 시리즈

- 인간의 욕망과 기독교 복음
- 살아있는 신의 탄생
- 현대 정신분석학과 종교
- 종교와 무의식
- 인간의 관계경험과 하나님 경험
- 살아있는 인간문서
- 신학과 목회상담
- 성서와 정신
- 목회와 성
- 교육, 허무주의, 생존
- 희망의 목회상담
- 전환기의 종교와 심리학
- 신경증의 치료와 기독교 신앙
- 치유의 상상력
- 영성과 심리치료
- 의례의 과정
- 외상, 심리치료 그리고 목회신학
- 모성의 재생산
- 상한 마음의 치유

◇ 사회/문화/교육/종교 시리즈

- 그리스도인의 원형
- 융의 심리학과 기독교 영성
- 살아계신 하나님과 우리의 살아있는 정신
- 정신분석과 기독교 신앙
- 성서와 개성화
- 나의 이성 나의 감성

◇ 아동과 발달

- 유아의 심리적 탄생
- 내면의 삶
- 아기에게 말하기
- 난 멀쩡해. 도움 따윈 필요 없어!
- 놀이와 현실
- 그림놀이를 통한 어린이 심리치료
- 성숙과정과 촉진적 환경
- 박탈과 비행
- 소아의학을 거쳐 정신분석학으로
- 가정, 우리 정신의 근원
- 아이, 가족, 그리고 외부세계
- 울타리와 공간
- 참자기
- 100% 위니캇
- 자폐아동을 위한 심리치료
- 아스퍼거 아동으로 산다는 것은?
- 자폐 아동의 부모를 위한 101개의 도움말

◇ 자아심리학/분석심리학/기타 학파

- C.G. 융과 후기 융학파
- C. G, 융
- 하인즈 하트만의 자아심리학
- 자기와 대상세계
- 프로이트의 정신분석학

◇ 스토리텔링을 통한 어린이 심리치료 전집

- 스토리텔링을 통한…심리치료(가이드 북)
- 감정을 억누르는 아동을 도우려면
- 강박증에 시달리는 아동을 도우려면
- 마음이 굳어진 아동을 도우려면
- 꿈과 희망을 잃은 아동을 도우려면
- 두려움이 많은 아동을 도우려면
- 상실을 경험한 아동을 도우려면
- 자존감이 낮은 아동을 도우려면
- 그리움 속에 사는 아동을 도우려면
- 분노와 증오에 사로잡힌 아동을 도우려면

◇ 정신분석 아카데미 시리즈

- 성애적 사랑에서 나타나는 자기애와 대상애
- 싸이코패스는 누구인가?
- 영조, 사도세자, 정조 그들은 왜?
- 정신분석에서의 종결
- 자폐적 대상에 대한 정신분석학적 연구
- 정신분석과 은유
- 정신분열증, 그 환상의 세계로 가다
- 사라짐의 의미
- 제4차 산업혁명에 대한 정신분석적 고찰

◇ 초심자를 위한 추천도서

- 멜라니 클라인
- 놀이와 현실
- 100% 위니캇
- 초보자를 위한 대상관계 심리치료
- 하인즈 코헛과 자기심리학
- 프로이트 이후
- 왜 정신분석인가?

현대정신분석연구소 수련 과정 안내

이 책을 혼자 읽고 이해하기 어려우셨나요? 그렇다면 함께 공부합시다!
현대정신분석연구소에서 이 책의 내용에 대한 강의를 들으실 수 있습니다.

현대정신분석연구소는 1996년에 한국심리치료연구소라는 이름으로 창립되어, 국내에 정신분석 및 대상관계이론을 전파하는 선구자적 역할을 해왔습니다.

정신분석을 연구하고 교육하는 기관으로서 주요 정신분석 도서 130여 권을 출판 하였으며, 정신분석전문가 및 정신분석가를 양성하고 있습니다. 또한 부설기관인 광화문심리치료센터에서는 대중을 위한 정신분석 및 정신분석적 심리치료를 제공하고 있습니다.

현대정신분석연구소에서는 미국 뉴욕과 보스턴 등에서 정식 훈련을 받고 정신분석 면허를 취득한 교수진 및 수퍼바이저들로 구성되어 있으며, 뉴욕주 정신분석가 면허 기준에 의거한 분석가 및 정신분석전문가 프로그램을 운영하고 있습니다. 프로그램에서는 프로이트부터 출발하여 대상관계, 자기심리학, 상호주관성, 모던정신분석, 신경정신분석학, 애착 이론, 라깡 이론 등 최신 정신분석의 이론에 이르는 다양한 이론들을 연구하는 포용적^{eclectic} 관점을 채택하고 있습니다.

프로그램에서 요구하는 요건들을 모두 충족하고 프로그램을 졸업하게 되면, 사단법인 한국정신분석협회에서 공인하는 'Psychoanalyst'와 'Psychoanalytic Psychotherapist' 자격을 취득하게 됩니다. 국내에서 가장 정통있는 정신분석 기관 중 하나로서 **현대정신분석연구소**는 인간에 대한 보다 심층적인 이해를 통해 한국사회의 정신건강에 기여하고자 합니다.

■ 문의 및 오시는 길

서울시 종로구 새문안로 5가길 28(적선동, 광화문플래티넘) 918호

- Tel: 02) 730-2537~8 / Fax: 02) 730-2539

- E-mail: kicp21@naver.com

- 홈페이지: www. kicp.co.kr (홈페이지를 통해 인터넷 강의도 수강이 가능합니다)

* 정신분석에 관한 유용한 정보들을 한눈에 보실 수 있는 **정신분석플랫폼 몽상**의
 SNS 채널들과 **현대정신분석연구소** 유튜브 채널을 팔로우 해보세요!

네이버 블로그: blog.naver.com/kicp21

인스타그램: @psya_reverie

유튜브 채널: 현대정신분석연구소KICP

f 페이스북 페이지: 정신분석플랫폼 몽상

QR코드로 접속하기